应用经济学丛书

丛书主编 孙文基

基于风险情景考察的投资者关系管理价值效应研究

JIYU FENGXIAN QINGJING KAOCHA DE

TOUZIZHE GUANXI GUANLI JIAZHI XIAOYING YANJIU

权小锋 著

苏州大学出版社
Soochow University Press

图书在版编目(CIP)数据

基于风险情景考察的投资者关系管理价值效应研究/权小锋著. —苏州:苏州大学出版社,2018.11
(应用经济学丛书/孙文基主编)
ISBN 978-7-5672-2676-0

Ⅰ.①基… Ⅱ.①权… Ⅲ.①上市公司-风险管理-研究-中国②上市公司-公共关系学-研究-中国 Ⅳ.①F279.246

中国版本图书馆 CIP 数据核字(2018)第 265619 号

书　　名	基于风险情景考察的投资者关系管理价值效应研究
著　　者	权小锋
责任编辑	孙志涛
出版发行	苏州大学出版社
	(地址:苏州市十梓街1号　215006)
印　　刷	丹阳市兴华印刷厂
开　　本	787 mm×960 mm　1/16
字　　数	175 千
印　　张	9.75
版　　次	2018 年 11 月第 1 版
	2018 年 11 月第 1 次印刷
书　　号	ISBN 978-7-5672-2676-0
定　　价	32.00 元

苏州大学版图书若有印装错误,本社负责调换
苏州大学出版社营销部　电话:0512-67481020
苏州大学出版社网址　http://www.sudapress.com
苏州大学出版社邮箱　sdcbs@suda.edu.cn

致 谢

本书阶段研究受到国家自然科学基金面上项目（编号：71772131）、教育部人文社会科学基金规划项目（编号：17YJA630081）、江苏省高校哲学社会科学基金重大项目（编号：2017ZDAXM017）、江苏省软科学基金项目（编号：BR2018014）、2017—2018名城名校融合发展战略项目（编号：MZ33700218）、2018年度"江苏省社科应用研究精品工程"财经发展专项课题（编号：18SCB-02）、霍英东教育基金会、江苏省高校"青蓝工程"中青年学术带头人项目、江苏省首届青年社科英才项目资助，特此致谢！

前 言

投资者关系管理制度在中国资本市场虽然起步较晚,但是监管层、上市公司和投资者对投资者关系管理的价值效应认知却非常重视。这从制度根源上归因于在中国转制经济市场中,投资者关系管理制度是作为投资者保护的一种重要手段出现的。2004年中国证券监管委员会发布《关于加强社会公众股股东权益保护的若干规定》,该规定将加强投资者关系管理作为一项重要的规定以保护社会公众股股东。2005年7月中国证券监管委员会又发布了《上市公司与投资者关系工作指引》,投资者关系管理在中国被提到前所未有的高度。很多上市公司纷纷在企业内部制订正式的投资者关系管理制度,将投资者关系管理活动纳入企业战略管理。2014年6月,中国证券投资者保护基金公司依托全国个人投资者固定样本库开展了投资者满意度调查,调查结果显示投资者对上市公司主动开展投资者关系管理活动状况表示满意的比例大约接近50%。说明投资者存在对于上市公司开展投资者关系管理,畅通投资者与上市公司联系渠道的强烈需求,投资者关系管理在现实的投资者认知层面具有重要的价值效应。

然而从学术研究上而言,当前文献对投资者关系管理的价值效应研究还存在固有局限。具体表现在研究视角上将价值效应限定在绩效框架内,研究方法停留在静态和正面情景的单一考察,忽视了从风险框架,融合正面情景和负面情景,利用动态研究方法系统考察投资者关系管理影响企业风险的效应和机理。有鉴于此,本书切入风险考察的创新视角,以投资者关系管理的风险价值效应考察为研究主线,利用南京大学联合中国证券监管委员会针对A股上市公司发放的问卷调查、实验测试、网站调查、年报评价等综合调查的特别数据,结合正面情景和负面情景对投资者关系管理的风险价值效应进行统一考察和检验。正面情景的价值效应检验预期考察投资者关系管理与违规风险、审计风险以及股价崩盘风险之间的内在关系及其机理。负面情景的价值效应检验预期考察当上市公司遭受负面事件冲击时,企业前期和当期积累的投资者关系资本是否能够显著降低股东财富损失及吸引高质量投资者的效应和机理。研究获得的结论如下:

(1) 聚焦正面情景下的违规风险考察发现,投资者关系管理绩效与未来期企业违规倾向呈显著的负向关系。表明投资者关系的有效管理能够显著降低企业的违规风险。进一步通过考察内部控制质量的治理因素发现，相比内部控制质量低的公司而言，内部控制质量高的公司投资者关系管理绩效与未来期企业违规倾向之间的负向关系更显著。表明就抑制企业违规风险、稳定市场而言，内部控制制度和投资者关系管理制度具有互补作用。最后通过公司可视性的因素考察发现，相对于媒体报道数量多、分析师跟踪程度高这类可视性高的公司，媒体报道数量少、分析师跟踪程度低的这类可视性低的公司投资者关系管理绩效对未来期企业违规倾向并不能产生更加显著的影响。这表明公司可视性并不能对投资者关系管理绩效与企业违规风险之间的负向关系产生显著影响。

（2）聚焦正面情景下的审计风险考察发现，投资者关系管理绩效与审计师出具非标准审计意见的概率呈显著的负向关系，但与审计费用并不存在显著关系。这表明上市公司开展的投资者关系管理活动虽影响了审计师的意见表述，却没有影响审计师的审计定价决策。进一步的机理分析表明，投资者关系管理绩效与审计风险呈显著的负向关系，与审计师的工作负荷呈显著的正向关系。这表明上市公司开展的投资者关系管理活动虽降低了审计风险，却增加了审计师的工作负荷，两种不同的传导途径在审计费用的影响效应上会相互抵消。最后通过公司可视性的因素考察发现，公司可视性显著影响了投资者关系管理绩效与审计师出具负面审计意见概率之间的负向关系。即相比可视性高的公司（大公司和高分析师跟踪公司），可视性低的公司（小公司和低分析师跟踪公司）中投资者关系管理绩效对审计师出具非标准审计意见概率的负向影响更加显著。

（3）聚焦正面情景下的股价崩盘风险考察发现，投资者关系管理的信息职能和组织职能与未来期股价崩盘风险之间呈显著的负向关系。表明在中国资本市场上，投资者关系管理的信息职能和组织职能具有"市场稳定效应"。进一步的机理分析表明，市场稳定效应主要源于投资者关系管理的信息职能抑制了股价崩盘风险生成的内因（管理层信息披露操纵倾向）和外因（信息环境的不透明度），而组织职能抑制了股价崩盘风险生成的内因。最后还发现就稳定市场而言，内部控制质量与投资者关系管理的组织职能具有互补关系。

（4）聚焦负面情景下的股东财富保护效应考察发现，当企业遭受负面事件时，前期构建的高质量投资者关系能够显著降低股东财富的损失，产生类"保险效应"。进一步对公司和事件特性因素的考察发现，投资者关系管理的保险效应仅在大公司和公司违规事件中存在，而在小公司和高管违规事件中并不存在，且相比远期违规，投资者关系管理活动在即期违规事件中的保险效应更为强烈和显著。最后对负面事件的后期表现考察发现，负面事件发生当期企业从事的高质量投资者关系管理活动具有一定的危机公关作用，能够吸引市场中高质量投资者——机构投资者的注意力，提升机构持股的比例。

　　本书总体结论证实了资本市场中"关系"的价值。通过高质量的投资者关系管理，上市公司形成了正面的企业声誉，提高了投资者信心，并在正面情景和负面情景中发挥了显著的风险控制和危机管理作用，具有显著的战略价值。因此在未来的制度建设和规范中，上市公司与投资界的互动关系应该被作为上市公司管理的一项重要课题提出。提升上市公司投资者关系管理的实践水平和战略沟通能力，不仅有助于上市公司提升公司价值，还有助于稳定市场波动，抑制企业风险，改善和规范公司治理与信息披露行为。这无论对微观上市公司管理，还是宏观金融安全稳定来说都具有重要战略意义。

目 录 CONTENTS

第一章　研究概述 / 001
　　第一节　研究背景及意义 / 002
　　第二节　研究内容与基本框架 / 005
　　第三节　研究贡献与创新之处 / 009

第二章　理论基础与文献综述 / 011
　　第一节　投资者关系管理的宏观价值 / 013
　　第二节　投资者关系管理的市场价值 / 015
　　第三节　投资者关系管理的声誉价值 / 017
　　第四节　投资者关系管理的财务价值 / 018
　　第五节　文献评述 / 021

第三章　投资者关系管理与违规风险 / 023
　　第一节　理论分析与研究假设 / 024
　　第二节　实证设计 / 029
　　第三节　实证结果分析与讨论 / 035
　　第四节　稳健性检验 / 041
　　第五节　本章小结 / 045

第四章　投资者关系管理与审计风险 / 047
　　第一节　理论分析与研究假设 / 048
　　第二节　实证设计 / 053
　　第三节　实证结果分析与讨论 / 056
　　第四节　稳健性检验 / 062
　　第五节　本章小结 / 066

第五章　投资者关系管理与股价崩盘风险 / 069
　　第一节　理论分析与研究假设 / 070

第二节 实证设计 / 074
第三节 实证结果分析与讨论 / 078
第四节 稳健性检验 / 087
第四节 本章小结 / 096

第六章 **投资者关系管理与股东财富保护** / 099
第一节 理论分析与研究假设 / 101
第二节 实证设计 / 106
第三节 实证结果分析与讨论 / 109
第四节 稳健性检验 / 119
第五节 本章小结 / 125

第七章 **研究结论与启示** / 127
第一节 研究结论 / 128
第二节 研究启示 / 129
第三节 研究局限与未来研究方向 / 132

参考文献 / 134

后　记 / 143

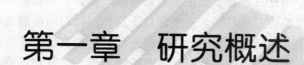

第一章 研究概述

第一节 研究背景及意义

■ 一、研究背景及问题的提出

自 20 世纪 90 年代以来,全球资本市场逐渐趋于规范化、市场化和机构化,买方市场的主导地位日益凸显,如何满足投资者的信息需求以及保护投资者的利益已成为维持资本市场良性发展的关键。然而,传统的信息披露难以完全满足投资者多元化的信息需求,因此资本市场不可避免地出现了不同程度的信息不对称。这些信息不对称问题对中小股东利益造成极大的损害,引发投资者对上市公司的信任危机,严重扰乱了资本市场正常的运行秩序。如何克服信任危机,重塑投资者信心,保护投资者利益,成为构建和谐有序资本市场亟须解决的问题,因此,投资者关系管理(Investor Relations Management,简称 IRM)理论应运而生。根据全美投资者关系协会(NIRI,2001)的定义,投资者关系管理是"公司的战略管理职责,它运用金融、沟通和市场营销学等方法来管理公司与金融机构及其他投资者之间的信息交流,以实现企业的价值最大化"。对上市公司而言,投资者关系管理的主要工作包括对投资者的分析研究、信息沟通、公共关系、危机处理、参与制定公司的发展战略以及对投资者关系从业人员进行培训等。投资者关系管理是上市公司通过充分自愿的信息披露,积极主动地与投资者进行互动沟通,实现公司价值最大化的一项战略管理活动。

理解投资者关系管理含义的要点:第一,投资者关系是公司战略之一,它的理论基础是金融、市场营销、沟通和公司治理;第二,投资者关系管理面向的对象是投资者和潜在的投资者,既包括个人投资者也包括机构投资者;第三,投资者关系活动的主要手段是双向的互动沟通,它与财务信息的单向信息披露有本质不同,而网络技术的出现为这种沟通方式提供了更加有效的途径;第四,投资者关系活动的目的是通过充分的互动沟通降低投资者的风险，维持公司与投资者之间的良好关系并通过有效管理创造关系价值。

与国外资本市场发展投资者关系管理有所不同，在中国投资者关系管理是被作为投资者保护的一种重要手段出现的。2004年中国证券监管委员会发布《关于加强社会公众股股东权益保护的若干规定》，该规定将投资者关系管理作为一项重要的规定以保护社会公众股股东。国外学者的研究表明，健全的法律体系和投资者保护制度，可以较好地保护外部投资者利益，降低投资者风险及由此产生的风险溢价，但在像中国这样的新兴市场国家，仅依靠司法力量保护企业的投资者权益是不现实的。良好的投资者关系可以增进投资者对企业的了解与认同，增强投资者对企业投资的信心。特别是2005年7月中国证券监管委员会发布了《上市公司与投资者关系工作指引》以后，IRM在中国被提到前所未有的高度。很多上市公司纷纷在企业内部制定正式的投资者关系管理制度，将投资者关系管理活动纳入企业战略管理高度。2014年6月，中国证券投资者保护基金公司依托全国个人投资者固定样本库开展了2014年投资者满意度调查，调查结果显示投资者对上市公司主动开展IRM活动状况表示满意的比例大约接近50%。说明投资者存在要求上市公司开展IRM，畅通投资者与上市公司沟通渠道的强烈需求，IRM在现实的投资者认知层面具有重要的价值效应。

那么学术界对IRM的价值效应是如何认识和研究的呢？当前文献对IRM的价值效应研究主要从两个层面展开：一是IRM与公司价值的直接检验，包括IRM与股票收益的检验（如Frankel等，2010；Peasnell等，2011；Vlittis和Charitou，2012；Agarwal等，2012）、IRM与公司业绩的检验（如李心丹等，2007；杨德明等，2007；Jiao，2011；马连福等，2011；Garay等，2013）；二是IRM与公司价值的间接检验，主要从分析IRM影响公司价值的决定因素进而间接影响公司价值入手，包括IRM与公司可视性（如Bushee和Miller，2012；Kirk和Vincent，2014）、IRM与信息披露质量（如Bushee等，2011；Ferguson和Scott，2014；Kirk和Vincent，2014）、IRM与代理成本（Craven和Marston，1997；Chandler，2014）、IRM与股票流动性（Hong and Huang，2005；Agarwal等，2012；Kirk和Vincent，2014）、IRM与企业声誉（Deephouse，1997；Hockerts和Moir，2004；Uysal，2014）、IRM与企业营销效应（Petersen

和 Martin, 1996; Dolphin, 2004)。这些文献的研究脉络基本都延承了绩效框架分析, 而忽视了从风险框架去分析 IRM 的价值效应。

有鉴于此, 本书引入风险框架, 从风险价值效应的视角分析投资者关系管理对上市企业运营管理的影响效应、机理和途径。研究要考察的问题是在现实的中国资本市场和制度环境下, 当前上市公司大力开展的投资者关系管理活动是否具有价值效应？是否真能起到抑制企业风险, 提高投资者市场信心的作用？如果能, 那么其中的客观表现、影响因素和作用机理又是如何？

二、研究意义

1. 理论意义

在转制经济市场中, 投资者关系管理是否真有价值效应？价值效应在何种制度和市场环境下更为显著？其中的客观表现、影响因素及作用机理如何？这些问题困扰着财务和战略管理两个重要学术领域的研究学者。作为跨学科的研究, 长久以来学者们完成了一些规范和实证分析, 但是这些文献仅局限在绩效框架内, 而忽视了从风险框架考察的价值效应分析。本书研究通过引入风险框架, 使用南京大学联合证监会发放的投资者关系管理综合调查的特别数据, 进行实证检验和分析后得出结论：(1) 正面情景下, 投资者关系管理有抑制违规风险、股价崩盘风险、审计风险等方面的作用效应和机理。(2) 负面情景下, 投资者关系管理有通过声誉机制保护股东价值、降低股东财富损失的保险效应。研究结论对构建投资者关系管理的综合价值框架, 扩展投资者关系管理的研究范式具有重要的理论价值。

2. 实践意义

对于整个中国资本市场而言, 投资者关系管理相当于在参与方之间搭建了互动互信的桥梁, 有利于维系规范有序的交易秩序, 促进国民经济发展, 这也恰恰是市值管理的内在需求之一。基于我国制度背景下的现实需要, 证监会要求上市公司将投资者关系管理作为公司治理的重要制度, 积极推动上市公司的投资者关系管理。然而, 从目前我国投资者关系管理现状来看, 虽然证券监管部门和上市公司对实施投资者关系管理持日渐积极的态度, 但同时许多不足之处也不断凸显, 集中体现在以下几方面：

(1) 信息披露方面，我国上市公司的信息披露仍处于强制性信息披露为主，自愿性信息披露为辅的阶段，这种缺乏形象管理和市值维护意识的信息披露体系的弊端在遭遇危机的情况下尤为凸显；(2) 意识层面，大部分上市公司并没有给予投资者关系管理足够的重视，体现在没有配备专业的投资者关系管理人员，没有规范的投资者关系管理手册；(3) 沟通方式，虽然很多上市公司通过设立投资者关系管理专栏、公布信箱、接待投资者等方式实施投资者关系管理，但这些变化并没有从根本上改变单向沟通为主的状况。在这种背景下，利用直接数据求证投资者关系管理是否确实发挥提升企业价值的作用，并从风险控制的战略管理视角探究其作用机制，对上市公司和监管机构来说都具有现实可操作性。因此，研究投资者关系管理的实施效果和操作规则对于推进公司治理改革具有积极的现实意义，有助于监管机构完善法律法规，大力推进投资者关系管理的发展，保护中小投资者利益，稳定市场；有助于上市公司清楚理解投资者关系管理的本质和作用效果，按照其作用路径有针对性地实施投资者关系管理战略，推进实践应用。

第二节　研究内容与基本框架

一、研究内容

本书总计 7 章，具体内容如下：

第一章为研究概述，主要阐述本书的研究背景、研究意义、基本内容及研究的创新之处。

第二章为理论基础与文献综述。主要从投资者关系管理的宏观价值、市场价值、声誉价值、财务价值四个方面进行文献梳理和评述。

第三章为投资者关系管理与违规风险。当前中国资本市场上市企业违规事件屡屡发生，除了公开的监管因素和市场因素以外，企业本身是否也存在一些关键因素没有挖掘？本章另辟蹊径，从资本市场的"关系"价值检验入手，分析上市公司开展投资者关系管理活动对企业违规风险的影响效应及其机理。首先检验和分析了企业构建的投资者关系管理是否能够显著抑制上市公司的违规风险；其次检验和分析了在公司可视性程度存在差异的情况下，投资者关系管理对违规风险的差异性影响；最后分析和考察了在抑制违规风险中，内部控制质量和投资者关系管理的交互作用机理。

第四章为投资者关系管理与审计风险。相比信息披露，投资者关系管理更强调上市公司与投资者之间的互动，互动中向投资者充分披露相关信息，提高公司透明度，降低公司与投资者之间的信息不对称，进而对其信息风险产生显著的抑制作用。而 Sengupta and Shen（2007）、Beck and Mauldin（2014）、Jha and Chen（2015）等又发现信息风险会影响审计师决策。从研究逻辑上看，IRM 预期应该会对审计师决策产生影响，那么这种影响是否真实存在？本章从现代风险导向理论的视角，系统检验和分析了投资者关系管理对审计意见、审计费用的影响效应和机理。同时还进一步分析了不同规模、不同分析师关注的公司，投资者关系管理对审计意见的影响差异，将金融市场和审计市场进行有效融合和连接。本研究在实践上对上市公司完善投资者关系管理的具体职能和组织体系具有重要的战略启示价值。

第五章为投资者关系管理与股价崩盘风险。本章切入非对称风险的视角，检验和分析了 IRM 影响未来期股价崩盘风险进而分析其稳定市场的效应及其机理。首先分析了投资者关系管理的不同职能对未来期股价崩盘风险的影响效应；其次在管理层捂盘假说的理论基础上，深入检验和分析了投资者关系管理影响股价崩盘风险的机理和途径；最后分析了内部控制制度对投资者关系管理的影响。本研究对建立股价崩盘风险的综合因素框架，防止股市崩盘和稳定市场具有一定现实价值。

第六章为投资者关系管理与股东财富保护。本章聚焦考察当企业陷入负面事件时，企业以往构建的高质量投资者关系管理活动是否能够形成类"保险效应"，即对负面事件效应下股东财富的下降是否能够产生显著的保护和抑制作用。并预期根据"保险效应"的检验结果，回答在实践中高质量的投资者关系管理是具有"里子"特征，即日常经营中构建的高质量投资者关系在负面事件发生时能够产生保护股东财富的战略价值；还是具有"面子"特征，即日常经营中构建的高质量投资者关系仅是"面子工程"，在负面事件发生时并不能产生保护股东财富的价值效应。研究并不停留在静态研究的视角，而是以负面事件为契机，不仅分析了企业前期的投资者关系管理的质量对负面事件下市场效应的影响效应和调节因素，同时还进一步分析了在负面事件中投资者关系的管理和维护质量对发生负面事件后公司可视性程度（分析师跟踪数量、媒体报道数量以及机构持股比例）变化的影响。本章动态的研究链条设计突破了静态研究的固有局限，对上市公司开展危机管理和形象维护具有重要的指导价值。

第七章为研究结论与启示。具体包括研究的主要发现与政策启示，并且指出了本书的研究局限性和未来研究方向。

二、研究的技术路线

本书研究依据问题展开，预期要回答的核心问题主要包括：(1) IRM 在抑制风险上是否能产生真实作用，进而产生风险价值效应？(2) 如果 IRM 能抑制风险，那么对应的表现形式是什么？(3) IRM 抑制风险的机理是什么？(4) 公司治理因素（如内部控制质量和外部机构投资者持股）和公司可视性因素（如公司规模、媒体跟踪、分析师关注）是否能对 IRM 的风险价值效应产生显著影响？研究主体思路是通过情景检验的思维，结合正面情景和负面情景下的价值效应进行统一检验展开。正面情景的价值效应检验预期考察 IRM 与违规风险、审计风险以及股价崩盘风险之间的内在关系。其中的理论机理围绕代理理论和信息不对称理论展开。负面情景的价值效应检验预期考察当上市公司发生遭受交易所谴责的负面事件时，企业前期和当期积累的投资者关系资本是否能够显著降低股东财富损失及吸引高质量投资者。其中的理论机理展开围绕声誉理论和关系资本理论展开。具体的研究技术路线图如图 1-1 所示。

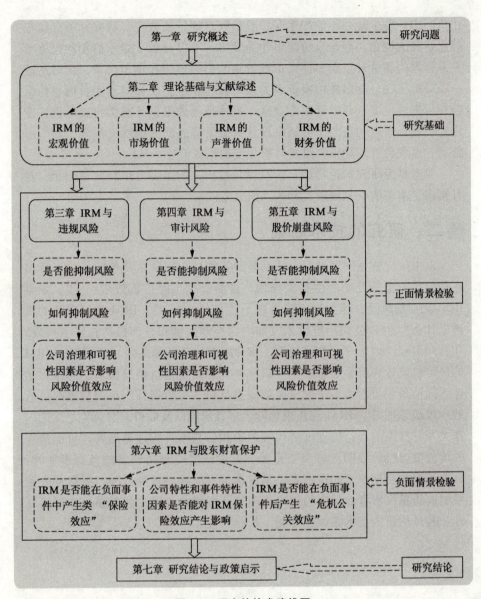

图 1-1 研究的技术路线图

第三节 研究贡献与创新之处

本书的创新和改进之处体现如下：

一、研究视角的创新

当前文献对于投资者关系管理的价值效应研究局限在绩效框架内，仅从企业层面分析了投资者关系管理对市场业绩和公司绩效的直接效应（如 Frankel et al. 2010；Peasnell et al. 2011；Vlittis and Charitou，2012；李心丹等，2007；Agarwal et al. 2012）或间接效应（Hong and Huang，2005；马连福等，2010；Uysal，2014；Bushee and Miller，2012；Kirk and Vincent，2014；Chandler，2014），而本书研究将资本市场"关系"价值的探索深入到企业风险，从风险框架考察了投资者关系管理的战略价值和效应。本书研究对构建投资者关系管理的综合价值框架具有重要的学术贡献。

二、研究内容的创新

本书研究投资者关系管理的价值效应并不停留在静态研究的固有局限，而是通过情景分析，首先考察和分析投资者关系管理在正面情景下如何抑制违规风险、审计风险以及股价崩盘风险的效应和作用机理；其次考察和分析投资者关系管理在负面情景下如何降低股东财富损失，验证投资者关系管理是否具有"保险效应"和"危机公关效应"。正面情景重点考察投资者关系管理对企业运营管理的规范影响；而负面情景重点考察投资者关系管理对企业危机管理的战略影响。研究以风险考察为主线，系统考察投资者关系管理抑制风险的客观表现、作用机理、影响因素。研究内容是系统和独特的。

三、研究方法的创新

研究方法的创新和改进：① 特别数据的支撑基础。本书使用南京大学课题组联合中国证券监管委员会关于中国 A 股上市公司投资者关系管理状况发送的问卷调查、实验测试、网站调查、年报评价等综合调查的一手数据。综合调查数据一方面为本书研究提供了直接而非间接的数据来源，另一方面也为考察投资者关系管理的不同职能维度的风险价值效应提供了良好的机会和条件。② 研究设计的改进。与以往文献不同，本书在研究设计中基于情景检验的思维，对正面情景和负面情景下投资者关系管理的风险价值效应进行了综合检验和考察。研究补充了以往单一情景考察的缺陷。③ 研究链条的深化。以往文献对于投资者关系管理的研究基本停留在静态研究的视角，本书以负面事件为契机，不仅分析了企业前期的投资者关系管理质量对负面事件下市场效应的影响效应和调节因素，同时还进一步分析了在负面事件中投资者关系的管理和维护质量对发生负面事件后公司可视性程度（分析师跟踪数量、媒体报道数量以及机构持股比例）变化的影响。这种动态的研究链条突破了静态研究的固有局限，对上市公司开展危机管理和形象维护具有重要的指导价值。

第二章 理论基础与文献综述

资本市场上的关系（relationships）是否对市场参与各方以及市场表现有影响？近年来学者们开始关注这个有趣的问题。例如，Brochet 等（2014）研究发现分析师会随着其原先跟进的上市公司高管跳槽而"跳槽"即转向跟进该高管跳槽的目标公司。Drexler 和 Schoar（2014）通过研究银行贷款行为发现，随着客户经理跳槽或者离职，原先通过该客户经理办理贷款的客户不太会继续向该银行贷款而转向其他银行。这些研究表明在资本市场上，关系是有价值的。而投资者关系管理正是聚焦于上市公司与投资者之间互动而建立关系。

自从 1953 年 GE 成立投资者关系管理部门以来①，投资者关系管理越来越受到上市公司的重视。根据 Kwok 和 Dobbin（2001）对美国公司 1965—1994 年间投资者关系管理兴起的调查，IRM 部门的设立在 1970 年到 1990 年间开始成为普遍现象，将近一半的大公司在 90 年代中期引入 IRM 部门。以 NIRI（1969 年成立的全美投资者关系协会，National Investor Relations Institute）会员发展为例，在过去的十年中，NIRI 大概发展到 4 500 个会员，四分之一的上市公司 IRM 官员是该协会会员，这些公司每年的 IRM 预算大概是 100 到 500 万美元（NIRI，2010）。虽然 IRM 越来越重要以及其潜在地影响会计文献中的绝大多数研究主题，但现有直接研究 IRM 影响的学术文献还非常少（Kirk and Vincent，2014）。

投资者关系管理是上市公司通过充分的自愿性信息披露，综合运用金融和市场营销的原理加强与投资界（investor communities）的沟通，促进投资界对公司的了解和认同，实现公司价值最大化的战略管理行为（李心丹，2006；NIRI，2011）。所谓投资界涵盖公司现有的投资者和潜在投资者、证券分析师、基金经理、经纪商以及媒体等中介群体。相比信息披露，投资者关系管理更强调上市公司与投资者之间的互动，一方面向投资者充分披露相关信息，另一方面通过建立独立的投资者关系管理部门收集来自投资界的反馈信息和信息需求，经系统整理后反馈给公司高层作为公司重要决策依据。从分析师、经纪商和投资者处得到的反馈信息能够帮助公司精炼其价值创造的战略，帮助管理层理解投资者如何对公司特定的行

---

① 张育军. 注重投资者关系，提升公司价值，转引自理查德·B. 希金斯. 全球投资者关系最佳案例——如何创造股东价值. Ⅵ: "The Origins of NIRI". http://www.niri.org/about/origins_ch1.cfm.

动进行响应，这对公司的战略决策和股价有直接的影响（Higgins，1992）。

因此投资者关系管理可以理解为首先是一种减少上市公司和投资界之间信息不对称的工具（Chang et al.，2014），由 Coase（1937）提出，后来由 Jensen 和 Meckling（1976）扩展的代理理论认为，信息披露的作用在于监督管理者的行为以减少代理成本。Lev（1992）指出如果没有积极的公司信息披露，真实情况决不会被知道，在内部知情者和外部股东之间总是存在着永久的信息沟壑。IRM 的功能也与有效市场假说（EMH）有关（Fathilatul，2002）。在 EMH 之下，公司可以通过给其参与者提供新的信息来影响市场。其次，投资者关系管理是公司一项重要的战略管理工具。Brennan 和 Kelly（2000）深刻地指出，虽然信息披露是 IRM 管理中的最重要的内容，但是 IRM 的内涵又远比简单地向投资者和分析师进行信息披露广泛得多。一个系统的 IRM 计划能够增加公司投资战略或者产品战略的可信性。当公司想要在资本市场中获得额外的融资时，或者想要兼并另一家公司时，或者要避免不必要的收购、代理诉讼时，这样的可信性将会是无价的。

由此，投资者关系管理的价值效应成为一个重要的研究课题。Lev（2012）总结了投资者关系管理价值效应形成的理论逻辑："降低信息成本→提高分析师跟进数量和机构投资者可视度→提升流动性→提高股价和交易量"。在此逻辑导向下，我们总结和归纳公司实施投资者关系管理活动预期的价值效应表现为五个维度：宏观价值、市场价值、声誉价值、财务价值和保险价值。

第一节　投资者关系管理的宏观价值

从投资者关系管理活动在中国兴起的制度背景来看，投资者关系管理制度在转制经济国家被赋予了保护股东利益的宏观价值。

国外学者的研究表明，健全的法律体系和投资者保护制度，可以较好地保护外部投资者利益，降低投资者风险及由此产生的风险溢价，从而提高公司外部融资能力和降低资本成本。但在像中国这样的新兴市场国家，仅依靠司法力量保护企业投资者权益是不现实的。良好的投资者关系可以增进投资者对企业的了解与认同，增强投资者对企业投资的信心。Chen 等人（2009）考察了法制体系较薄弱的新兴市场国家中的投资者关系，发现公司治理和外部法律制度在投资者保护上发挥着彼此替代的作用。在外部法制约束偏弱的情况下，企业的投资者关系管理手段除了信息披露外，还应包括企业内部的投资者保护机制，以弥补法规不足，有效制衡管理者的自利行为。

国内学者陆宇建和张继袖（2008）借鉴社会学理论，从中小流通股东角度研究了股权分置改革背景下的投资者关系问题，他们认为提高信息反馈的及时性和流通股东的潜在影响力可以改善流通股东对程序公正的理解，可以改善投资者关系，这有助于改革的顺利推进。张跃文和杜晓琳（2015）认为，在投资者保护法律法规尚不完善的情况下，新兴市场国家的企业改善融资条件的重要措施是优化投资者关系管理。投资者保护机制通过增加企业管理者粉饰信息的成本和违约处罚，保护了外部投资者利益，进而增加了投资者对企业的信心。这种以投资者保护为核心的投资者关系管理策略，可以在一定程度上弥补法制不足，但其自身的运营成本也需要控制在一个合理水平。

与国外资本市场投资者关系管理有所不同的是，在中国投资者关系管理是被作为投资者保护的一种重要手段。2004 年中国证监会发布《关于加强社会公众股股东权益保护的若干规定》，该规定将投资者关系管理作为一项重要的规定以保护社会公众股股东。这种观点在中国证券监管部门比较流行。这与中国资本市场所处的历史阶段紧密相关，在股权文化还没有完全建立，上市公司对资本的需求还处于卖方阶段时，上市公司出于资本竞争而开展投资者关系管理的动机较弱。因此监管部门出于监管的需要和保护中小股东利益而要求上市公司开展投资者关系管理，加强与投资者的沟通，充分披露信息有重要的意义。2005 年 7 月中国证券监管委员会发布《上市公司与投资者关系工作指引》以后，IRM 在中国被提到前所未有的高度。由此可见在中国资本市场，投资者关系管理从制度建立之初就被赋予了保护股东利益的宏观价值。

第二节 投资者关系管理的市场价值

从市场认知的角度分析,很多文献发现投资者关系管理能够显著提升公司股票价格,因此投资者关系管理活动具有显著的市场价值。

当公司信息披露不充分时,公司可以向投资者、评论分析家、新闻媒体等提供有关企业成长性、收益性以及战略、理念等方面的资料,强调继续持有本公司证券或新购本公司证券的优越性,对股票价格产生积极影响;当公司对股价不满,或者与同行业相比觉得股价太低,或者由于谣传等导致股价极不稳定,或者由于一个部门的欠缺而影响了整个公司,觉得以偏概全没有受到公正评价时公司可以通过投资者关系管理保证股价的稳定。很多学者对此进行了深入研究(Hong and Huang, 2005;Diamond 和 Verrecchia, 1991;Brennan 和 Tamarowski, 2000;Amihud 和 Mendelson, 1986;Merton, 1987;Lang 和 Lundholm, 2000;Fishman 和 Hagerty, 1989)。通过对现有文献的梳理,发现现有的投资者关系理论研究文献都侧重于研究当严格的市场有效性假设不成立时投资者关系是如何影响股票价格的(Hong and Huang, 2005)。以此为出发点,Hong and Huang (2005) 把现有的 IRM 文献分为四个类型。第一种文献重点研究投资者关系管理是如何降低市场信息不对称性,进而提升公司股票价格的。第二种文献认为投资者关系管理通过信息披露能够让股票价格更准确反映公司的基本面(这并不必然降低交易中的信息不对称),而这将带来更高的股票价格。第三种文献主要侧重于研究投资者在信息不完全或受到蒙蔽时,投资者关系管理是如何影响股票价格的。第四种文献侧重于研究在多元化竞争性公司中的财务披露,由竞争产生的外部性以及被用来应对这些外部性的合适的披露规则。

Diamond 和 Verrecchia (1991) 认为,由于大多数投资者很少在非流动的股票上进行投资,所以这种非流动性降低了股票的价格。投资者关系管理不管是通过公开披露提供有用信息,还是通过吸引进行专业化研究和发布信息的分析师，其实质是为所有投资者提供一个游戏的平台。因此投资者关系可以提高股票的流动性，从而导致更高的股票价格。Merton (1987) 的模型表明，提高公司投资者数量可以降低资本成本并增加股票价格。Fishman 和 Hagerty (1989) 认为，信息披露可以让一个公司的股票价格更有效，这种有效会增加公司在真实投资决策上的有效性，进而有更高的股票价格。Merton (1987) 提出风险规避型的投资者是不会投资在他们什么都不知道的股票上的，投资者关系管理让投资者了解该股票，从而通过风险分担机制增加该股票投资者的基数以及股票价格。Trueman (1996) 提出了一个模型，在该模型中一个公司的经理通过实施投资者关系管理来吸引有经验的投资者。假设市场上关于交易该公司股票的有经验的投资者数量信息不完全，每增加一个有经验的投资者（他们面临着短期交易的约束）将会潜在地增加股票价格。Brennan and Tamarowski (2000) 直接分析了 IRM 活动与股价之间的关系，他认为 IRM 与股价之间存在着间接的关系，IRM 是通过对分析师产生影响进而影响股价的。第一，高质量的 IRM 活动会降低分析师的信息成本，这样就会增加跟随公司的分析师的数量。IRM 活动也会有助于改进分析师预测的准确性和提高分析师达成一致意见的程度。第二，通过降低信息的不对称，跟随公司的分析师数量会对公司股票交易的流动性有正向的影响。第三，市场对股票的期望回报取决于股票市场的流动性，公司可以通过 IRM 活动来降低市场（尤其是分析师）获取公司信息的成本，进而降低资本成本和提高股价。因此，投资者关系管理可以为所有投资者亮化（增加透明性）游戏平台。这会降低逆选择成本并降低讨价还价等其他成本，结果是能获得更高的股票价格 (Amihud 和 Mendelson, 1986)。

对于投资者关系管理经济影响的研究，近年来国内学者也开始做了一些探索，比如刘善敏和林斌 (2008) 研究了投资者关系管理与股权融资成本的关系；李心丹等 (2007) 直接讨论投资者关系管理与上市公司价值的关系；马连福等 (2011) 研究了上市公司投资者关系管理水平对公司绩效的影响；万晓文等 (2016) 研究表明，投资者关系管理相对于代理成本对企业价值的负面影响具有调节效应；肖斌卿等 (2017) 研究了分析师调研报告对投资者进行决策时产生的影响；权小锋等 (2017) 探讨了高质量的投资者关系管理在负面事件中，对股东权益的负面影响有抵减作用。总体上这些研究基本都支持投资者关系管理具有正面经济影响效果。

第三节　投资者关系管理的声誉价值

从企业长期发展的视角分析，很多文献发现投资者关系管理能够产生提高公司可信度，提升投资者的满意度和忠诚度，进而达到提升公司整体形象的声誉价值。

希金斯（2002）研究了公司与投资界进行坦率、明确、及时的战略沟通的风险与回报，在研究公开沟通行为的利弊之后，认为坦诚的沟通行为可以避免"战略阻碍"（在缺乏合理的战略与财经信息时，分析师等人通常会做最坏的假设）。早在1992年，希金斯就在他的一篇文章中对公司沟通战略进行了深入研究，并提出了一个战略可信度[①]模型。他认为战略可信度至少能带来三种收益，即增进与财经界的关系，提高员工的士气，增进与股东的关系。而影响公司战略可信度的主要因素有战略能力、公司业绩、战略和财经沟通以及CEO的可信度。他通过实证统计检验发现战略和财经沟通是第二重要的决定因素（Higgins，1992）。

公司可信度的提高，意味着公司的信息披露更加公开、透明，减少了信息不对称性，投资者对公司的前景更有信心，因此投资者的满意度也会得到提高（Diamond和Verrecchia，1991；Lev，1992；Harrison和Huang，2002；Brennan和Tamarowski，2000；Amihud和Mendelson，1986）。投资者在对某一上市公司满意度不断提高的基础上，就可能持续持有该公司的股票，并会向其他投资者推荐该上市公司。这种行为模式对上市公司而言尤为适合。因为活跃在证券市场上的卖方分析师、买方分析师还有经纪商们如果对某一上市公司的满意度提高的话，自然会向投资者推荐买进该公司股票。因此投资者满意度的提高对投资者忠诚度会产生积

---

① Higgins把战略可信度定义为：战略可信度（strategy credibility）是那些通过对公司的经营业绩、目标、战略合理性的理解来判断公司可信度的外部人士、主要利益相关者和股东对公司的看法（Higgins，1992）。因此战略可信度不仅仅是战略的可信度，而是整个公司的可信度，即外界特别是投资界对公司的看法。

极影响。Marston（1996）认为，投资者关系管理的目的是为金融部门和公共投资者提供评价公司的信息。Lev（1992）认为连续给股东提供有关公司的新闻和活动的信息将减少投资者对公司股票价格反应的惊奇，特别是对负面新闻的反应。因此，IRM 的功能可以被认为是树立投资者信心的关键，特别是在不确定的环境期间。

关于投资者关系管理的保险价值方面，国内学者权小锋（2017）从危机管理的创新视角，研究了投资者关系管理在负面事件中的价值效应。研究发现，企业前期高质量的投资者关系管理活动能够帮助企业在投资界形成良好的正面声誉，在负面事件发生时，能抵减对股东财富的负面影响，从而产生保护股东财富的保险效应。

第四节　投资者关系管理的财务价值

从企业短期的财务绩效分析视角，很多文献发现投资者关系管理能够产生提高公司可视性、吸引分析师和机构投资者跟进、提高公司股票流动性、降低权益资本成本、提升公司财务价值的效应。

好的投资者关系管理可通过降低信息不对称程度，提高公司的透明性和可信度，增强投资者对公司前景的信心，吸引机构投资者和分析师的跟进，有效避免股价波动率过大，同时增强股票的流动性，降低资本成本，提升公司价值（Diamond 和 Verrecchia，1991；Lev，1992；Hong and Huang，2002；Brennan 和 Tamarowski，2000；Amihud 和 Mendelson，1986）。

Merton（1987）首先对投资者关系管理改变股东的构成基础进而影响公司价值展开研究。上市公司可从保证经营稳定的角度出发调整个人投资者和机构投资者比例，实现并维持股东在地区分布上的平衡。另外，当证券交易量不高时，上市公司还可借助投资者关系管理通过增加交易量来提高公司股票在证券市场上的流通性，通过增加交易量来稳定股价。Hong and Huang（2005）用经济学的研究方法，对"内部人"开展 IRM 的动机进行了研究。研究发现，内部人开展IRM的目的不是为了提高股价，而是当他们为了流动性原因而不得不卖出他们的权益时，为了提高他们所持有的股票的流动性，才承担了IRM项目投资。这就导致了"内部人"和外部分散的股东之间对IRM的利益存在着偏差。开展IRM的成本是由全体股东承担的，但是外部分散的股东并不关心股票的市场流动性，因为他们持有的股票数量很少。研究进一步发现，"内部人"的特征（如流动性的需要、股权的大小等）是公司开展IRM的决定因素。然而，无论开展IRM的动机是来自管理者自身利益还是公司利益，我们可以确定的是开展IRM确实能够提高股票流动性，这样，一些股价被低估或者较少被分析师和财经媒体关注的公司就可以利用IRM来吸引投资者，从而提高股价。Chang等（2014）认为对于规模较小且不怎么被关注的公司而言，投资者关系管理是分析师获取公司信息的有效途径，基于这些信息分析师能降低预测偏差。因此，投资者关系管理是一项重要的用来降低信息不对称和委托代理成本的公司治理工具。

从现有文献看，直接研究投资者关系管理与资本成本关系的文献还很少。Lang and Lundholm（1993）构建公司三个方面（年报、其他公告、投资者关系）信息披露水平与资本成本的关系[①]。Botosan（1997）为企业IRM活动与资本成本的关系提供了直接的证据。他用财务信息披露水平来代替IRM水平，检验了金属及机械产业中的122家公司的权益资本成本和财务信息披露水平之间的关系。研究发现，权益资本成本会随着公司贝塔值的增加而增加，但也会随着公司规模（公司规模用权益的市场价值代替）的影响，而稍微下降。但是，信息披露质量对公司权益成本的影响还

---

① 但会计文献中与投资者关系管理相关的信息披露水平与资本成本关系的研究成果非常丰富，主要有两种观点：第一，高披露水平增强了股票市场流动性，进而通过减少交易成本或者对公司安全性要求的提高来减少资本成本。这一类研究以Demsetz（1968），Copeland and Galai（1983），Glosten and Milgrom（1985），Amihud and Mendelson（1986）和Diamond and Verrecchia（1991）为代表。第二类研究主要以Klein and Bawa（1976），Barry and Brown（1985），Coles and Loewenstein（1988），Handa and Linn（1993），Coles et al.（1995）和Clarkson et al.（1996）为代表，他们认为高信息披露水平能降低产生于投资者估计资产回报或收益分配因素（asset's return or payoff distribution）的估计风险（estimation risk）。也就是说，当信息很少时考虑真正的影响因素是存在巨大风险的。如果估计风险是单一化的，那么投资者就会要求为这增加的风险进行补偿。但现有的实证研究还是倾向于支持信息披露水平和资本成本的负相关（Botosan，1997），即信息披露程度高能够降低资本成本。

取决于跟随公司的分析师数量的多少。对于那些被大量分析师跟随的公司（超过平均数）而言，信息披露质量对权益成本没有影响。但是，对于那些被很少量分析师跟随的公司（小于平均数）而言，高质量的信息披露会大大降低公司的权益资本成本。对于那些被分析师低度跟随的公司而言，高质量的信息披露几乎会降低10%的权益资本成本。尽管Botosan的研究没有涉及分析师数量的多少对信息披露的具体影响，但是该研究确实为IRM活动给降低企业资本成本带来贡献提供了证据，IRM活动能够降低分析师获得信息的成本，也降低了公司的资本成本。此后Botosan and Plumlee（2000；2002）又跟进对二者关系进行了探索。Brennan and Tamarouski（2002）详细分析了IRM与公司价值的联系：良好的IRM可以降低投资者获取信息的成本，可以促进分析师数量的增加，从而可以提高对公司分析预测的准确性和增强公司股票的流动性，进而降低股票必要收益率和资本成本，从而提高公司价值。Kosal Ly（2010）对日本电气公司的研究发现在控制了自选偏差（self-selection bias）、公司特征及稳健性检验后，IRM管理水平与资本成本呈现负相关关系。这表明，IRM能够降低信息不对称、减小股票的买卖价差，进而降低了资本成本。这意味着管理者应该通过IRM来与证券市场中的每一位参与者进行平等沟通。Agarwal等（2010）也发现IRM水平高的公司会带来更多的分析师关注、更高的股票流动性以及股票异常收益和市场价值的增值，这些价值效应尤其体现在小公司中。Agarwal的研究也表明了有效的IRM能够通过降低信息不对称从而提高股票流动性，尤其是小公司和较少分析师跟随的公司。我国学者马连福（2015）认为对于创新型中小企业来说，开展投资者关系管理能通过减少企业与投资者之间的信息不对称程度，从而降低企业的资本成本和融资约束。万晓文等（2016）证实了我国IRM整体水平偏低，但是通过加强IRM建设，能降低上市公司与投资者之间的信息不对称，并且加强分红的透明度，监督上市公司积极回报投资者。

近年来在顶尖期刊上开始有学者探索这一课题。Bushee and Miller（2012）发现，许多公司都面临着提高可见度和吸引股票投资者以达到增加流动性和降低资本成本这样的问题。解决这样问题的一个办法是开展IRM计划。通过对IRM专家的访谈和调查，他们发现管理层的可接近性和公司的可见性是IRM战略成功的关键驱动因素。尽管用于吸引媒体、分析师等关注的可见度方法组合存在着差异，但是所有的IRM战略的目的都包括吸引机构投资者。对210家中小公司的研究表明，公司的IRM活动有专业的IRM公司参与后，公司的信息披露、媒体关注、交易活动、机构持股、分析师跟进和市场价值会明显得到改进，这表明IRM对于那些可见度较低的公司来说更有价值。IRM对于中小型公司克服可见度低问题、吸引投资者和信息中介以及影响公司价值都起着重要的作用。Solomon (2012) 考察了投资者关系管理中的媒体管理，研究发现那些聘请财经公关公司或者专业的IRM公司的公司会通过改善信息披露中投资者的预期而提升公司价值，但这一过程并不可持续。Kirk and Vincent (2014) 基于上市公司建立投资者关系管理部门的数据研究了这些公司建立投资者关系管理部门之后的经济影响，结果发现专业的内部投资者关系管理部门的建立提升了公司的信息披露、分析师跟进、机构持股、流动性以及市场价值。

此外还有一些文献具体分析了投资者关系管理的具体活动形式对公司财务价值的影响，这些文献主要研究的是与投资者关系管理相关的上市公司沟通活动的经济影响，这些沟通活动包括业绩说明会等。近年来学者们开始更加关注投资者（含分析师）与上市公司的互动等沟通活动及其经济结果。例如Frankel等 (1999)、Bushee等 (2009)、Bushee等 (2011)、Matsumoto等 (2011) 考察业绩说明会的经济影响；Solomon等 (2013) 考察了与投资者召开私人会议的经济影响；Green等 (2014) 研究了与管理层接触和分析师研究报告信息之间的关系。谭松涛和崔小勇 (2015) 研究了投资机构对上市公司的调研行为对分析师预测精度的影响。肖斌卿等 (2017) 通过对分析师调研报告的细化研究，发现分析师对上市公司的调研，对于投资者来说具有一定的决策价值。总体上这些研究都表明以沟通互动为核心的上市公司投资者关系管理能够对市场各个要素产生显著影响。

第五节　文献评述

从以上文献可见，当前对投资者关系管理的研究虽然取得了一些成果，但是在以下方面还需要进一步深化：(1) 研究视角有待扩展。当前文献仅从绩效框架角度考察投资者关系管理的价值效应，但是企业发展首要考虑的一定是控制风险，因此从风险框架考察投资者关系管理的价值效应无疑能够将研究视角进一步深化和扩展。（2）研究内容有待深化。当前文献对投资者关系管理的价值效应研究仅停留在投资者关系管理和公司价值的直观与简单检验阶段，对两者之间内在关系的客观表现、影响因素、形成机理还缺乏系统和深入研究。（3）研究方法有待完善。当前文献分析投资者关系管理价值效应的研究方法基本是静态的，几乎所有文献都是从正面情景考察投资者关系管理的价值效应，而本书将正面情景考察和负面情景考察相结合，在考察正面情景下投资者关系管理对违规风险、审计风险以及股价崩盘风险的抑制效应之后，进一步分析在负面情景下，投资者关系管理是否具有类"保险效应"，即在负面情景造成股东财富下降的同时，前期积累的投资者关系管理资本是否能够发挥减弱股东财富损失的作用和机理，同时还进一步考察负面情景中投资者关系管理是否具有"危机公关效应"的问题。本研究从方法上是对以往研究投资者关系管理价值效应文献的补充和丰富。

第三章
投资者关系管理与违规风险

上市公司作为证券市场的基石，其规范运作的水平直接影响着上市公司的健康发展和证券市场的稳定运行。近年来，随着新《公司法》《证券法》和中国证监会、证券交易所有关法规的出台，相关部门监管力度不断加强，上市公司规范运作水平逐步提高。但是，一些上市公司仍然频频触及监管红线，顶风作案。为何上市公司违规总是屡禁不止？除了公开的监管因素和市场因素以外，企业本身是否也存在一些关键因素没有挖掘？鉴于此，本章另辟蹊径，从资本市场的"关系"价值检验入手，分析上市公司开展投资者关系管理活动对企业违规风险的影响效应及其机理。

与国外资本市场发展投资者关系管理有所不同的一点在于，在中国投资者关系管理是被作为投资者保护的一种重要手段出现的。2004年中国证监会发布《关于加强社会公众股股东权益保护的若干规定》，该规定将投资者关系管理作为一项重要的规定以保护社会公众股股东。那么，在当前的中国资本市场，上市公司大力开展的投资者关系管理活动是否具有价值效应？是否真能起到抑制企业违规风险，提高投资者市场信心的真实效应呢？如果能，那么对应的制度环境要求和影响因素如何？对这些问题的研究显得非常必要和迫切。

第一节　理论分析与研究假设

一、投资者关系管理与违规风险

从已查处的中国上市公司违规案件背景材料分析来看，中国上市公司违规种类包括：虚构利润、虚列资产、虚假记载（误导性陈述）、推迟披露、重大遗漏、披露不实（其他）、欺诈上市、出资违规、擅自改变资金用途、占用公司资产、内幕交易、违规买卖股票、操纵股价、违规担保、一般会计处理不当等15个种类。从生成机理来看，这些违规问题根源于三个方面：(1) 管理层的代理问题；(2) 大股东的代理问题；(3) 信息披露违规问题。

就管理层的代理问题而言，管理层之所以操纵公司违规主要是出于机会主义动机，如薪酬、职业晋升、帝国构建等，实施"利益侵占效应"所致，这类代理问题在转制经济国家中表现为侵害股东利益的第一类代理问题。那么投资者关系管理是否能抑制管理层的代理成本，进而抑制企业违规风险呢？Dolphin（2004）认为投资者沟通是一个战略性的工具，通过与投资者的良好沟通和互动，市场中广大投资者和中介机构会更好发挥监督效应，企业自身的运营和管理体系也更加规范和完善，管理层机会主义行为也会得到抑制，代理问题将会得到改善（Bushman and Smith, 2001; Miller, 2006; Yu, 2008; Vittis and Charitou, 2012）。Chandler（2014）通过对大量CEO的面访发现，CEO认为IRM最重要的职能就是获取投资者的信任，因此上市公司存在通过IRM管理活动完善自身公司治理和管理体系的强烈动机。上市公司在与投资者进行深化沟通的过程中本身也规范了公司治理体系，抑制了管理层从事机会主义的行为动机，降低了管理层的代理成本。马连福和陈德球（2007）认为投资者关系管理本质上是一种自主性治理机制，上市公司通过实施投资者关系管理在微观运营上能够了解投资者需求，增强投资者对公司的信任，外部投资者尤其是战略投资者可能会对公司治理标准提出更高的要求，如总经理和董事长是否两职分离、独立董事比例、专业委员会组成、监事会的组成以及股东大会等治理机制，尤其是对自主性治理机制施加影响。

就大股东的代理问题而言，大股东之所以操纵公司违规主要是出于占用上市公司资产，实施"隧道效应"所致，这类代理问题在转制经济国家中表现为侵害中小股东利益的第二类代理问题。那么投资者关系管理是否能抑制大股东的代理问题，进而抑制企业违规风险呢？Chen et al.（2009）考察了法制体系较薄弱的新兴市场国家中的投资者关系，发现公司治理和外部法律制度在投资者保护上发挥着彼此替代的作用。在外部法制约束偏弱的情况下，企业的投资者关系管理手段除了信息披露外，还应包括企业内部的投资者保护机制，以弥补法规不足，有效制衡大股东的利益侵占行为。杨德明和辛清泉（2006）利用中国上市公司网上投资者关系信息披露的检验结果发现，上市公司投资者关系指数IIRI与大股东占款显著负相关，表明上市公司投资者关系活动在一定程度上能抑制大股东侵占小股东利益的隧道行为。张跃文和杜晓琳（2015）认为在投资者保护法律法规尚不完善的情况下，新兴市场国家的企业改善融资条件的重要措施是优化投资者关系管理。投资者保护机制通过增加企业管理者粉饰信息的成本和违约处罚，保护中小股东利益，进而增加了投资者对企业的信心。这种以投资者保护为核心的投资者关系管理策略，可以在一定程度上弥补法制不足和执法效率低下的制度缺陷。

就信息披露违规的问题而言，上市公司信息披露违规主要包括虚假记载（误导性陈述）、推迟披露、重大遗漏、披露不实等种类。这类违规是上市公司常见的违规种类，其问题产生的根源在于管理层或大股东的代理问题，但是由于企业决策的"黑箱子"特征，很难清晰划分问题产生的责任归属。从投资者关系管理的研究文献来看，投资者关系管理活动最重要的职能是通过自愿性的信息披露减少上市公司与投资者的信息不对称，因此投资者关系的有效管理能降低企业的信息风险，进而抑制企业信息披露违规的倾向。Rowbottom et al.（2005）的研究就表明，信息披露是做好投资者关系管理的关键因素，投资者最关心的是公司的报告信息，这些信息不仅包括公司的年度财务报告，而且还包括广义的公司报告以及市场活动的相关信息。Chang et al.（2008）检验了公司通过投资者关系互动实施的信息披露与信息不对称之间的关系，研究发现企业在实施 IRM 的活动中，信息披露的质量越高，则企业面临的信息风险越低，信息不对称程度越低。高质量的信息披露包含完整性、可靠性和及时性三个方面的特征（Kim et al.，2012）。信息披露的完整性和可靠性越高，则企业对外报告信息的广度和深度越高，信息的综合质量越高，因此企业面临的信息风险和不对称程度就会越低，最终信息环境的透明度会提高；而信息披露的及时性越高，则管理层通过机会主义行为进行信息违规披露的成本和难度就会加大。由此可见，投资者关系的有效管理预期能够通过提高信息的透明度和抑制管理层代理成本而对企业信息披露的违规倾向产生显著的抑制作用。

综上所述，对于上市公司而言，投资者关系管理是一种重要的战略管理行为和自主性治理机制，这种活动的有效开展能够通过抑制管理层和大股东代理问题以及上市公司的信息披露违规倾向，进而对上市公司的违规风险产生显著的抑制作用，因此特提出以下假设：

H3-1：在其他条件不变的情况下，投资者关系管理绩效与未来期企业的违规倾向之间呈显著的负向关系。

二、公司可视性的因素影响

以往文献在绩效的框架内对投资者关系管理的价值效应进行了研究，这些研究发现公司可视性会显著影响投资者关系管理的价值效应。如 Botosan（1997）的研究为企业投资者关系管理活动与资本成本的关系提供了直接证据。他用财务信息披露水平代替 IRM 水平，检验了金属及机械产业中的 122 家公司的权益资本成本和财务信息披露水平之间的关系。研究发现，对于那些被大量分析师跟随的公司（超过平均数）而言，信息披露质量对权益成本没有影响。但是，对于那些被很少量分析师跟随的公司（小于平均数）而言，高质量的信息披露会大大降低公司的权益资本成本。对于那些被分析师低度跟随的公司而言，高质量的信息披露几乎会降低 10% 的权益资本成本。Agarwal et al.（2012）研究发现 IRM 水平高的公司会带来更多的分析师关注、更高的股票流动性以及股票异常收益和市场价值的增值，这些价值效应尤其体现在小公司中。Agarwal 的研究也表明了有效的 IRM 能够通过降低信息不对称而提高股票流动性，尤其是小公司和较少分析师跟随的公司。Chang et al.（2014）发现投资者关系管理是分析师获取公司信息的有效途径，基于这些信息分析师能降低预测偏差，因此投资者关系管理水平与分析师预测偏差呈显著的负向关系，且这种负向关系在规模较小且不怎么被关注的公司中表现得更为显著。Bushee and Miller（2012）发现许多公司都面临着怎样提高可见度和吸引股票投资者以达到增加流动性和降低资本成本这样的问题。解决这样问题的一个办法是开展 IRM 计划。通过对 IRM 专家的访谈和调查，发现管理层的可接近性和公司的可视性是 IRM 战略成功的关键驱动因素。尽管用于吸引媒体、分析师等关注的可视度方法组合存在着差异，但是所有的 IRM 战略的目的都包括吸引机构投资者。对 210 家中小公司的研究表明，中小公司的 IRM 活动有专业的市场公关公司参与后，公司的信息披露、媒体关注、交易活动、机构持股、分析师跟进和市场价值会明显得到改进。

综合以上文献可见，投资者关系管理活动除了具有与投资者互动沟通以及信息披露的职能以外，本身还是一种企业的战略营销行为（马连福等，2010），在绩效的框架内已经发现对于那些可见度较低的公司来说投资者关系管理更有价值。IRM 对于可视性低的公司克服可见度低问题、吸引投资者和信息中介以及影响公司价值方面都起着重要的作用。我们将这一分析逻辑引入风险框架，预期在抑制违规风险方面，投资者关系管理对于可视性低的公司（如低媒体报道、低分析师跟踪、低机构持股、小规模公司）具有更强的效应和作用，因此提出以下假设：

H3-2：相比可视性高的公司，可视性低的公司中投资者关系管理绩效与未来期企业的违规倾向之间的负向关系更强。

三、内部控制质量的因素影响

从战略对象来看，投资者关系管理制度是企业针对外部投资者进行的关系维护和沟通的制度建设，而内部控制制度是企业针对内部的运作程序和流程进行综合优化和管理的制度建设。从战略属性来看，投资者关系管理活动一般被定位为自主性治理机制（马连福和陈德球，2007）和战略管理行为（全美投资者关系协会，NIRI），而内部控制活动作为公司治理的制度性体系和自律系统能够将公司治理和战略管理落到实处，我国企业内控规范中更是明确了通过内控促进战略实现的目标。在抑制企业违规风险方面，以往的文献发现内部控制质量对企业的信息风险和代理成本都能够产生显著的抑制作用。如 Kim and Zhang（2015）、叶康涛等（2015）就发现内部控制质量越高的企业，其信息不对称和代理问题就越小，因此股票崩盘风险就越低。权小锋（2016）研究发现，内部控制质量与投资者关系管理的组织职能具有互补关系，它们共同维持资本市场的稳定。Goh and Li（2011）、Mitra et al.（2013）发现内部控制质量越好的公司会计稳健性越高，而 Watts（2003a，2003b）又进一步发现会计稳健性可以通过抑制管理层代理成本和信息不对称进而对企业价值起到提升作用。由此可见，在抑制企业违规风险方面，内部控制质量和投资者关系管理发挥作用的方式和机理是相似的，只不过两种制度职能对象有所差异而已，那么这两种制度在抑制企业违规风险方面，是否存在相互关系呢？这个问题我们不做先验设定，特提出两个备择假设以供检验：

H3-3-A：在抑制企业违规风险方面，投资者关系管理与内部控制质量具有替代作用，即相比内部控制质量低的企业，内部控制质量高的企业中投资者关系管理绩效与未来期企业的违规倾向之间的负向关系更弱。

H3-3-B：在抑制企业违规风险方面，投资者关系管理与内部控制质量具有互补作用，即相比内部控制质量低的企业，内部控制质量高的企业中投资者关系管理绩效与未来期企业的违规倾向之间的负向关系更强。

第二节 实证设计

■ 一、样本选择与数据来源

本章以南京大学联合证监会2004—2007、2009年开展的中国上市公司投资者关系管理综合调查的上市公司为初始研究样本，剔除了：(1) 金融类公司；(2) 数据不全的公司；(3) 财务和治理数据缺失的公司。最后获取有效样本2 249个观测值。为了控制极端值对研究结论的影响，对相关变量在1%和99%分位数处做了Winsorize处理。其中IRM数据由南京大学课题组联合证监会发送的问卷调查、实验测试、网站调查、年报评价等综合调查一手数据整理而来。2008年由于特殊原因针对A股上市公司投资者关系管理的调查问卷并没有发放，出于数据的可获得性，本书选定了样本区间。上市公司违规数据由证监会、上交所和深交所网站整理而来。媒体报道数据是从《中国重要报纸全书数据库》依据公司代码和公司简称手工整理而来，内部控制质量数据来源于"迪博（DIB）内部控制与风险管理数据库"，行业划分数据来源于RESSET数据库，财务变量数据、公司治理变量及其他变量数据来源于CSMAR数据库。

■ 二、变量测度

1. 违规倾向 VIO_RISK_{t+1}

本书以哑变量VIO_RISK_{t+1}测度上市公司的违规倾向，即样本公司的后一年是否因违规受到证监会、交易所以及财政部等监管层处罚（包括批评、警告、公开谴责、罚款等），是则取1，否则为0。

2. 投资者关系管理 IRM

本书投资者关系管理绩效指标体系是在借鉴李心丹等构建的2009年度南京大学投资者关系管理指数（$CIRI^{nju}$）的基础上调整而来，该指数是南京大学和证监会联合发起,通过对上市公司进行抽样综合调查获得数据而构建的。本书对其原有的指标体系进行了一定的调整,借鉴美国投资者关系协会(简称 AIMR)对投资者关系管理的评价思维,聚焦从投资者关系管理的决定因素而非后果来构建投资者关系管理的绩效指标体系,一级指标从沟通绩效、信息绩效与组织绩效三方面职能展开,其中投资者关系管理的沟通绩效衡量的是上市公司与投资者进行战略沟通所达到的绩效和水平,主要从沟通渠道易达性与有效性、对投资者问题的响应速度、沟通深度三个方面衡量;IRM 的信息绩效衡量的是上市公司披露信息的质量和绩效,主要从信息披露的完整性、可信性和及时性三个方面衡量;IRM 的组织绩效衡量的是上市公司 IRM 组织制度的完善程度,主要从高层参与、部门设置和 IRM 人员素质三个方面进行衡量。三种绩效指标数值通过主成分合成方法并经百分位数的无量纲化处理得到,具体的指标测评、计算方法、数据来源见表 3-1。

表 3-1 投资者关系管理的绩效指标

一级指标	二级指标	指标解释	指标标准	数据采集方法及计算方式
沟通绩效(B1)	沟通渠道易达性与有效性指标(B11)	衡量公司是否为投资者提供接触公司、获取公司相关信息的便利条件	一对一或一对多等沟通次数越多越好	调查问卷
	响应速度指标(B12)	神秘投资人测试上市公司对电子邮件的反馈速度,衡量公司对投资者质询的响应速度	上市公司公布联系邮件是否有效反馈速度越快越好	实验测试 调查人员根据专门设计的问题向上市公司公布的电子邮件发送邮件,记录反馈信息(反馈时间、反馈内容)。两天内反馈赋 5 分,第三天反馈赋 3 分,第四天反馈赋 1 分,4 日内未反馈赋 0 分。工作日 8 点上班前发邮件。
	沟通深度指标(B13)	上市公司研究投资者结构和行为的深度以及与分析师沟通情况	研究报告质量水平高低;沟通越充分越好	调查问卷

续表

一级指标	二级指标	指标解释	指标标准	数据采集方法及计算方式
信息绩效(B2)	完整性指标（B21）	衡量年报披露信息完整性和透明性的程度	年报披露信息越完整、越透明越好	年报数据采集 设置31条信息检测项目进行0-1打分合计。
	可信性指标（B22）	衡量外部审计师对公司报告的审核意见	上市公司是否被出具保留意见、否定意见或拒绝表示意见	年报数据采集 根据内容采用0-1法标度。
		衡量年报信息是否经全体高管签名证实	年报是否有全体高管签名	年报评价 如有全体高管签名，则可信度高。
	及时性指标（B23）	定期报告披露的及时性	法定信息披露的时效性	定期报告披露时效测试 年、半年、季报披露越早得分越高。
组织绩效(B3)	高层参与IRM指标（B31）	衡量管理层对IRM重视程度	管理层对IRM越重视越好	调查问卷
	IRM组织设置指标（B32）	衡量IRM组织设置的完善状况	企业内部IRM的组织结构设置越完善越好	调查问卷
	IRM人员素质指标（B33）	衡量IRM人员的素质	IRM人员素质越高越好	调查问卷

3. 公司可视性 VISIBILITY

公司可视性从四个方面测度：① 媒体报道数量（MEDIA），针对上市公司的媒体报道数量越少，则企业可视性越低；② 分析师跟踪数量（COVERAGE），针对上市公司的分析师跟踪数量越少，则企业可视性越低；③ 公司规模（SIZE），公司规模越小，则企业可视性越低；④ 机构持股比例（IO），机构持股比例越低，则企业的可视性越低。本书在正文分析中公司可视性选用媒体报道数量和分析师跟踪数量测度，稳健性测试用公司规模和机构持股比例替代测度。

4. 内部控制质量 IC

内部控制质量 IC 指标用"迪博·中国上市公司内部控制指数"进行测度。

5. 控制变量 CV

对企业违规风险的决定因素研究，以往文献重点从公司财务因素和公司治理因素两个层次进行考量，因此本书控制变量在参考唐跃军（2007）、冯旭楠和陈工孟（2011）文献的基础上，选用以下变量：① 公司财务变量。LNSIZE 表示公司规模，用总资产的自然对数测度。ROA 表示总资产收益率，用净利润与期末总资产余额的比率测度。LOSS 表示公司亏损状态，用年末净利润是否亏损测度，亏损时取 1，否则为 0。LEV 表示公司财务杠杆，用公司总资产负债率测度。② 公司治理变量。TOP1 表示第一大股东持股比例，用第一大股东持股占公司总股数的比例测度。SOE 表示股权属性，用企业实际控制人的股权属性测度，当实际控制人归属于国有股时取 1，否则为 0。DUAL 表示两职合一状况，当公司董事长和总经理为同一人时取 1，否则为 0。具体变量定义和测度见表 3-2。

表 3-2 变量定义表

变量类型	变量名	变量符号	变量测度
被解释变量	违规倾向	VIO_RISK_{t+1}	后一年上市公司因违规而被监管层处罚时则取 1，否则为 0
解释变量	投资者关系管理的沟通绩效	IRM_C_t	见表 3-1 的 B1 指标测度方法
解释变量	投资者关系管理的信息绩效	IRM_I_t	见表 3-1 的 B2 指标测度方法
解释变量	投资者关系管理的组织绩效	IRM_O_t	见表 3-1 的 B3 指标测度方法
解释变量	投资者关系管理的综合绩效	IRM_INDEX_t	$IRM\_INDEX_t = \alpha_1 IRM\_C_t + \alpha_2 IRM\_I_t + \alpha_3 IRM\_O_t$，权重 α 是利用 AHP 方法的对数最小二乘法得到
检测变量	内部控制质量	IC_t	迪博 DIB 中国上市公司风险控制评价指数
检测变量	媒体报道数量	$MEDIA_t$	上市公司年度受到的媒体报道数量
检测变量	分析师跟踪数量	$COVERAGE_t$	上市公司年度受到的分析师跟踪数量

续表

变量类型	变量名	变量符号	变量测度
控制变量	公司规模	$LNSIZE_t$	用总资产的自然对数测度
	总资产收益率	ROA_t	净利润与期末总资产余额的比值
	是否亏损	$LOSS_t$	公司年末净利润为负，则为1，否则为0
	财务杠杆	LEV_t	用资产负债率测度
	第一大股东持股比例	$TOP1_t$	用第一大股东持股占公司总股数的比例测度
	股权属性	SOE_t	如公司实际控制人属于国有股，则取1，否则为0
	两职合一	$DUAL_t$	如董事长和总经理两职合一，则取1，否则为0
	年份	$YEAR$	控制年份效应
	行业	IND	控制行业效应

三、回归模型设定

为检验假设 H3-1，应用以下 Logistic 模型进行回归：

$$Pr\ (VIO\_RISK_{t+1}=1)=\beta_0+\beta_1 IRM_t+\beta_2 LNSIZE_t+\beta_3 ROA_t\\+\beta_4 LOSS_t+\beta_5 LEV_t+\beta_6 TOP1_t\\+\beta_7 SOE_t+\beta_8 DUAL_t+\beta_j IND+\varepsilon$$

其中 VIO_RISK_{t+1} 是下一年企业违规倾向的指标，当违规时虚拟变量取值为1，否则为0。回归模型所涉及的变量测度见表3-2。当回归系数 β_1 显著为负时，则假设 H3-1 成立。

为检验假设 H3-2，应用以下 Logistic 模型进行回归：

$$Pr\ (VIO\_RISK_{t+1}=1)=\beta_0+\beta_1 IRM_t\\+\beta_2 IRM_t*VISIBILITY\_LOW_t\\+\beta_3 VISIBILITY\_LOW_t+\beta_4 LNSIZE_t\\+\beta_5 ROA_t+\beta_6 LOSS_t+\beta_7 LEV_t+\beta_8 TOP1_t\\+\beta_9 SOE_t+\beta_{10} DUAL_t+\beta_j IND+\varepsilon$$

其中 $VISIBILITY\_LOW_t$ 为低可视性公司的虚拟变量。公司可视性程度用媒体报道数量 $MEDIA_t$ 和分析师跟踪数量 $COVERAGE_t$ 测度。当上市公司受到的媒体报道数量和分析师跟踪数量低于年度行业中位数时,则公司可视性低,虚拟变量取值为1,否则为0。当回归系数β_2显著为负时,则假设H3-2成立。

为检验假设H3-3,应用以下Logistic模型进行回归:

$$Pr(VIO\_RISK_{t+1}=1) = \beta_0 + \beta_1 IRM_t + \beta_2 IRM_t * IC\_DUM_t$$
$$+ \beta_3 IC\_DUM_t + \beta_4 LNSIZE_t + \beta_5 ROA_t$$
$$+ \beta_6 LOSS_t + \beta_7 LEV_t + \beta_8 TOP1_t$$
$$+ \beta_9 SOE_t + \beta_{10} DUAL_t + \beta_j IND + \varepsilon$$

其中IC_DUM_t为内部控制质量的虚拟变量。公司内部控制指数值高于年度行业中位数时,虚拟变量取值为1,否则为0。当回归系数β_2显著为正时,则假设H3-3-A成立,表明内部控制质量与投资者关系管理具有替代作用;当回归系数β_2显著为负时,则假设H3-3-B成立,表明内部控制质量与投资者关系管理具有互补作用。变量的描述性统计结果见表3-3。

表3-3 描述性统计表

变量	样本数	均值	中位数	最小值	最大值	标准差
VIO_RISK_{t+1}	2 249	0.041	0	0	1	0.195
IRM_INDEX_t	2 249	56.765	58.381	28.465	88.092	16.833
IRM_C_t	2 249	55.167	56.25	3.333	90.519	18.740
IRM_I_t	2 249	55.167	70.135	42.215	100	11.614
IRM_O_t	2 249	48.698	50.473	15.676	95.203	23.286
IC_t	2 249	697.449	693.2	0	996.3	112.018
$MEDIA_t$	2 249	16.558	4	0	295	41.131
$COVERAGE_t$	2 249	15.407	3	0	161	28.650
$LNSIZE_t$	2 249	21.609	21.505	19.238	25.523	1.172
ROA_t	2 249	0.041	0.038	−0.175	0.204	0.056
$LOSS_t$	2 249	0.075	0	0	1	0.264
LEV_t	2 249	0.502	0.516	0.078	0.991	0.184
$TOP1_t$	2 249	39.010	36.94	9.6	75.84	15.976
SOE_t	2 249	0.580	1	0	1	0.494
$DUAL_t$	2 249	0.120	0	0	1	0.325

第三节 实证结果分析与讨论

一、投资者关系管理与企业违规风险

表3-4是投资者关系管理绩效对企业下一年度违规倾向的回归结果,从表中结果可见,在栏目1中,投资者关系管理绩效指标选用投资者关系管理的综合绩效指标IRM_INDEX_t时,回归系数为-0.020,且在1%水平上统计显著。在栏目2中,投资者关系管理绩效指标选用投资者关系管理的沟通绩效指标IRM_C_t时,回归系数为-0.012,且在5%水平上统计显著。在栏目3中,当投资者关系管理绩效指标选用投资者关系管理的信息绩效指标IRM_I_t时,回归系数为-0.033,且在1%水平上统计显著。在栏目4中,当投资者关系管理绩效指标选用投资者关系管理的组织绩效指标IRM_O_t时,回归系数为-0.011,且在5%水平上统计显著。以上结果表明投资者关系管理绩效指标不管是选用综合绩效指标还是沟通、信息以及组织绩效等细分绩效指标,都发现对企业下一年的违规倾向产生了显著的负向影响,表明投资者关系的有效管理能够显著抑制企业的违规风险,假设H3-1成立。

表3-4 投资者关系管理绩效对企业违规风险的影响

自变量	因变量:VIO_RISK_{t+1}			
	栏目1	栏目2	栏目3	栏目4
CON	7.420*** (2.993)	6.752*** (2.768)	7.809*** (3.224)	7.141*** (2.872)
IRM_INDEX_t	-0.020*** (-2.823)			
IRM_C_t		-0.012** (-2.076)		
IRM_I_t			-0.033*** (-3.100)	

续表

自变量	因变量：VIO_RISK_{t+1}			
	栏目1	栏目2	栏目3	栏目4
IRM_O_t				−0.011** (−2.213)
LNSIZE	−0.396*** (−3.547)	−0.386*** (−3.498)	−0.358*** (−3.256)	−0.408*** (−3.642)
ROA	−3.750 (−1.462)	−3.413 (−1.323)	−3.965 (−1.558)	−3.799 (−1.475)
LOSS	1.181*** (2.646)	1.206*** (2.748)	1.076** (2.415)	1.199*** (2.700)
LEV	−0.311 (−0.475)	−0.262 (−0.403)	−0.513 (−0.808)	−0.285 (−0.433)
TOP1	−0.016* (−1.955)	−0.017** (−2.083)	−0.014* (−1.776)	−0.016** (−2.062)
SOE	−0.590** (−2.488)	−0.567** (−2.376)	−0.633*** (−2.629)	−0.590** (−2.491)
DUAL	−0.537 (−1.368)	−0.494 (−1.301)	−0.500 (−1.278)	−0.526 (−1.342)
YEAR	控制	控制	控制	控制
IND	控制	控制	控制	控制
N	2 249	2 249	2 249	2 249
$Pseudo\ R^2$	0.129 2	0.124 5	0.132 4	0.125 0

注：* 表示在1%的水平上显著；** 表示在5%水平上显著；*** 表示在10%水平上显著。

二、投资者关系管理、公司可视性与企业违规风险

表3-5是投资者关系管理、媒体报道与企业违规风险之间的回归结果。从表中结果可见，投资者关系管理不管是选用综合绩效指标还是沟通、信息、组织细分指标，投资者关系管理绩效的回归系数都是显著为负，但投资者关系管理绩效与低媒体报道数量虚拟变量的交乘项的回归系数在任意一栏都不显著，表明相比高媒体报道数量的公司，低媒体报道数量的公司中投资者关系管理绩效与未来期企业的违规倾向之间的负向关系并没有显著差异。媒体报道数量并不能对投资者关系管理绩效与未来期企业违规倾向之间的负向关系产生显著影响。

自变量	因变量：VIO_RISK_{t+1}			
	栏目1	栏目2	栏目3	栏目4
CON	7.082*** (2.609)	6.112** (2.335)	7.632*** (2.729)	6.544** (2.416)
IRM_INDEX_t	−0.033*** (−2.712)			
$IRM\_INDEX_t * MEDIA\_LOW_t$	0.019 (1.309)			
IRM_C_t		−0.015* (−1.864)		
$IRM\_C_t * MEDIA\_LOW_t$		0.005 (0.451)		
IRM_I_t			−0.044** (−2.398)	
$IRM\_I_t * MEDIA\_LOW_t$			0.015 (0.703)	
IRM_O_t				−0.023** (−2.515)
$IRM\_O_t * MEDIA\_LOW_t$				0.017 (1.549)
$MEDIA\_LOW_t$	−0.744 (−0.952)	−0.036 (−0.061)	−0.776 (−0.539)	−0.466 (−0.909)
$LNSIZE_t$	−0.356*** (−3.021)	−0.354*** (−3.030)	−0.324*** (−2.803)	−0.365*** (−3.088)
ROA_t	−3.591 (−1.387)	−3.358 (−1.297)	−3.838 (−1.504)	−3.673 (−1.422)
$LOSS_t$	1.182*** (2.652)	1.196*** (2.733)	1.080** (2.415)	1.200*** (2.718)
LEV_t	−0.309 (−0.471)	−0.266 (−0.409)	−0.501 (−0.793)	−0.294 (−0.445)
$TOP1_t$	−0.016** (−1.990)	−0.017** (−2.169)	−0.015* (−1.864)	−0.017** (−2.093)
SOE_t	−0.566** (−2.357)	−0.549** (−2.270)	−0.616** (−2.514)	−0.560** (−2.341)
$DUAL_t$	−0.529 (−1.364)	−0.491 (−1.300)	−0.500 (−1.294)	−0.520 (−1.339)

表3-5 投资者关系管理、媒体报道与企业违规风险

续表

自变量	因变量：VIO_RISK_{t+1}			
	栏目1	栏目2	栏目3	栏目4
YEAR	控制	控制	控制	控制
IND	控制	控制	控制	控制
N	2 249	2 249	2 249	2 249
$Pseudo\ R^2$	0.132 2	0.125 6	0.134 1	0.129 1

表3-6是投资者关系管理、分析师跟踪与企业违规风险之间的回归结果。结果与表3-5类似，相比高分析师跟踪的公司，低分析师跟踪公司中投资者关系管理绩效与未来期企业的违规倾向之间的负向关系并没有显著差异。表明分析师跟踪数量并不能对投资者关系管理绩效与未来期企业违规倾向之间的负向关系产生显著影响。综合表3-5和表3-6的结果可见，公司可视性不管是用媒体报道数量还是用分析师跟踪数量来测度，都没有发现公司可视性能够对投资者关系管理绩效与未来期企业违规倾向之间的负向关系产生显著影响的证据，研究假设H3-2并不成立，这个结论同绩效框架内的结论存在一定的差异。

表3-6 投资者关系管理、分析师跟踪与企业违规风险

自变量	因变量：VIO_RISK_{t+1}			
	栏目1	栏目2	栏目3	栏目4
CON	7.344*** (2.702)	6.599** (2.448)	7.084** (2.464)	6.577** (2.407)
IRM_INDEX_t	−0.036*** (−2.771)			
$IRM\_INDEX_t * COVERAGE\_LOW_t$	0.022 (1.412)			
IRM_C_t		−0.027** (−2.171)		
$IRM\_C_t * COVERAGE\_LOW_t$		0.019 (1.361)		
IRM_I_t			−0.037* (−1.724)	
$IRM\_I_t * COVERAGE\_LOW_t$			0.005 (0.223)	

续表

自变量	因变量：VIO_RISK_{t+1}			
	栏目1	栏目2	栏目3	栏目4
IRM_O_t				−0.022** (−2.305)
$IRM\_O_t * COVERAGE\_LOW_t$				0.016 (1.334)
$COVERAGE\_LOW_t$	−0.913 (−1.074)	−0.721 (−0.960)	−0.090 (−0.056)	−0.411 (−0.731)
$LNSIZE_t$	−0.362*** (−3.000)	−0.353*** (−2.954)	−0.322*** (−2.735)	−0.369*** (−3.046)
ROA_t	−3.292 (−1.256)	−2.927 (−1.115)	−3.416 (−1.320)	−3.281 (−1.249)
$LOSS_t$	1.205*** (2.732)	1.228*** (2.841)	1.104** (2.520)	1.225*** (2.791)
LEV_t	−0.315 (−0.486)	−0.280 (−0.434)	−0.510 (−0.812)	−0.299 (−0.460)
$TOP1_t$	−0.016** (−1.970)	−0.017** (−2.112)	−0.014* (−1.764)	−0.017** (−2.066)
SOE_t	−0.585** (−2.473)	−0.562** (−2.358)	−0.637*** (−2.657)	−0.586** (−2.475)
$DUAL_t$	−0.513 (−1.326)	−0.480 (−1.274)	−0.489 (−1.264)	−0.502 (−1.301)
YEAR	控制	控制	控制	控制
IND	控制	控制	控制	控制
N	2 249	2 249	2 249	2 249
$Pseudo\ R^2$	0.132 3	0.127 8	0.133 5	0.128 2

三、投资者关系管理、内部控制质量与企业违规风险

表3-7是投资者关系管理、内部控制质量与企业违规风险之间的回归结果。从表中结果可见，在栏目1中，投资者关系管理绩效指标选用投资者关系管理的综合绩效指标 IRM_INDEX_t 测度时，回归系数为−0.011，且在5%水平上统计显著，而投资者关系管理的综合绩效与内部控制质量

虚拟变量的交乘项 $IRM\_INDEX_t * IC\_DUM_t$ 的回归系数为 -0.042，且在 5% 水平上统计显著，表明相比内部控制质量低的公司，内部控制质量高的公司中投资者关系管理绩效与未来期企业违规倾向之间的负向关系更强。在栏目 2 和栏目 4 中，投资者关系管理绩效指标用投资者关系管理的沟通绩效指标 IRM_C_t 和组织绩效指标 IRM_O_t 测度时，投资者关系管理与内部控制质量虚拟变量的交乘项回归系数同样显著为负，表明在抑制企业违规风险方面，内部控制质量和投资者关系管理具有互补的作用效应，研究结论支持了假设 H3-3-B 的推论。

表 3-7 投资者关系管理、内部控制质量与企业违规风险

自变量	因变量：VIO_RISK_{t+1}			
	栏目 1	栏目 2	栏目 3	栏目 4
CON	5.158* (1.896)	4.683* (1.754)	5.846** (2.194)	4.932* (1.811)
IRM_INDEX_t	-0.011** (-2.356)			
$IRM\_INDEX_t * IC\_DUM_t$	-0.042** (-2.376)			
IRM_C_t		-0.006* (-1.944)		
$IRM\_C_t * IC\_DUM_t$		-0.023* (-1.771)		
IRM_I_t			-0.030** (-2.466)	
$IRM\_I_t * IC\_DUM_t$			-0.012 (-0.506)	
IRM_O_t				-0.004* (-1.754)
$IRM\_O_t * IC\_DUM_t$				-0.032** (-2.484)
IC_DUM_t	1.490 (1.643)	0.569 (0.794)	0.190 (0.120)	0.650 (1.121)
$LNSIZE_t$	-0.304** (-2.414)	-0.293** (-2.357)	-0.268** (-2.152)	-0.309** (-2.448)
ROA_t	-3.125 (-1.212)	-2.729 (-1.051)	-3.196 (-1.249)	-3.177 (-1.231)

续表

自变量	因变量：VIO_RISK_{t+1}			
	栏目1	栏目2	栏目3	栏目4
$LOSS_t$	1.088** (2.547)	1.127*** (2.655)	1.014** (2.355)	1.086** (2.563)
LEV_t	−0.271 (−0.423)	−0.239 (−0.373)	−0.465 (−0.744)	−0.245 (−0.380)
$TOP1_t$	−0.015* (−1.907)	−0.016** (−2.015)	−0.014* (−1.726)	−0.016** (−1.999)
SOE_t	−0.593** (−2.505)	−0.565** (−2.352)	−0.643*** (−2.678)	−0.593** (−2.511)
$DUAL_t$	−0.526 (−1.384)	−0.495 (−1.329)	−0.501 (−1.311)	−0.507 (−1.334)
YEAR	控制	控制	控制	控制
IND	控制	控制	控制	控制
N	2 249	2 249	2 249	2 249
$Pseudo\ R^2$	0.140 8	0.133 4	0.137 7	0.137 6

第四节 稳健性检验

一、内生性问题控制

对于本章结论的一个潜在担忧就是内生性问题。本章实证设计中使用 IRM 的当期变量去预测未来期的企业违规倾向，这种处理能够控制反向因果效应的内生性问题，但是仍然存在遗漏相关不可观察的变量同时影响 IRM 与未来期企业违规倾向，造成两者之间关系的虚假回归。为此，本书借鉴 EI Ghoul et al. (2011) 的方法，以行业内其他公司的投资者关系管理绩效的均值 IRM_OTHER_t 作为工具变量，应用两阶段工具变量 IV 法进行内生性控制处理。处于同一行业内的公司，在经营环境、业务流程、产品和服务等方面具有相似性，这就使得其面临相似的投资机会、成长性和经营风险。而我国上市公司 IRM 制度正处于规范和建设过程之中,行业内 IRM 活动经常会相互学习和借鉴。这不仅获得了理论上的支持(Kirk and Vincent,2014),同时也获得了实践证据的支持,如润言投资咨询有限公司 2014 年 5 月发布的《中国 A 股上市公司投资者关系管理调查报告》发现我国企业 IRM 表现出较高的行业属性。因此本章选取行业内其他企业 IRM 水平作为工具变量具有理论和实践支持。工具变量法的第二阶段回归结果见表 3-8,从表 3-8 结果可见,在控制内生性问题以后,依然发现投资者关系管理绩效对未来期企业违规倾向产生了显著的负向影响,表明投资者关系的有效管理确实能抑制企业的违规风险。

表 3-8 稳健性检验:内生性控制

自变量	因变量:VIO_RISK_{t+1}			
	栏目 1	栏目 2	栏目 3	栏目 4
CON	3.313*** (2.781)	2.941** (2.572)	3.240*** (2.733)	3.053*** (2.593)
$IRM\_INDEX\_HAT_t$	−0.011*** (−3.138)			
$IRM\_C\_HAT_t$		−0.013*** (−3.431)		
$IRM\_I\_HAT_t$			−0.008** (−2.001)	
$IRM\_O\_HAT_t$				−0.008*** (−3.245)
$LNSIZE_t$	−0.185*** (−3.333)	−0.165*** (−3.131)	−0.183*** (−3.328)	−0.183*** (−3.334)
ROA_t	−2.103* (−1.716)	−1.682 (−1.345)	−2.147* (−1.769)	−2.153* (−1.752)
$LOSS_t$	0.571*** (2.690)	0.591*** (2.808)	0.532** (2.522)	0.580*** (2.730)
LEV_t	−0.075 (−0.244)	−0.027 (−0.087)	−0.135 (−0.439)	−0.067 (−0.215)
$TOP1_t$	−0.007* (−1.829)	−0.007* (−1.853)	−0.007** (−1.966)	−0.007* (−1.883)
SOE_t	−0.256** (−2.375)	−0.237** (−2.208)	−0.258** (−2.375)	−0.251** (−2.350)

续表

自变量	因变量：VIO_RISK_{t+1}			
	栏目1	栏目2	栏目3	栏目4
$DUAL_t$	−0.196 (−1.164)	−0.187 (−1.143)	−0.170 (−1.024)	−0.193 (−1.154)
IND	控制	控制	控制	控制
N	2 249	2 249	2 249	2 249
Wald chi2	112.96	118.85	89.31	115.09
Prob>chi2	0.000 0	0.000 0	0.000 0	0.000 0

二、政策效应问题控制

在中国资本市场，证监会2005年7月颁布了《上市公司与投资者关系工作指引》，这个事件作为一个政策效应是否会对本书的研究结论产生影响呢？为控制这种政策效应问题，本章对研究样本区间重新进行了规划，仅选取2005年以后的样本重新进行回归，回归结果见表3-9。从表3-9结果可见，控制政策效应以后，研究基本结论不变。

表3-9 稳健性测试：样本区间选择

自变量	因变量：VIO_RISK_{t+1}			
	栏目1	栏目2	栏目3	栏目4
CON	7.573*** (2.727)	6.859** (2.554)	7.826*** (2.904)	7.343*** (2.649)
IRM_INDEX_t	−0.022*** (−2.630)			
IRM_C_t		−0.013* (−1.954)		
IRM_I_t			−0.032** (−2.501)	
IRM_O_t				−0.013** (−2.208)
LNSIZE	−0.419*** (−3.360)	−0.410*** (−3.371)	−0.382*** (−3.172)	−0.435*** (−3.483)

续表

自变量	因变量：VIO_RISK_{t+1}			
	栏目1	栏目2	栏目3	栏目4
ROA	−3.210 (−1.177)	−2.817 (−1.027)	−3.529 (−1.297)	−3.303 (−1.204)
LOSS	0.848* (1.696)	0.876* (1.770)	0.720 (1.426)	0.865* (1.733)
LEV	−0.468 (−0.613)	−0.405 (−0.533)	−0.668 (−0.902)	−0.439 (−0.571)
TOP1	−0.014 (−1.592)	−0.015* (−1.655)	−0.013 (−1.462)	−0.015 (−1.641)
SOE	−0.439* (−1.747)	−0.397 (−1.572)	−0.483* (−1.869)	−0.435* (−1.732)
DUAL	−0.492 (−1.233)	−0.446 (−1.158)	−0.449 (−1.128)	−0.488 (−1.224)
IND	控制	控制	控制	控制
N	1 796	1 796	1 796	1 796
$Pseudo\ R^2$	0.099 7	0.094 1	0.099 7	0.095 7

三、变量测度问题控制

在前文研究中发现公司可视性并不会对投资者关系管理绩效与未来期企业违规倾向之间的关系产生显著影响，这种结论与绩效框架内的结果存在差异，那么这种结果的产生是否是因为变量测度即公司可视性程度的变量测度不准确造成的呢？借鉴 Bushee and Miller (2012)、Kirk and Vicent (2014) 的文献，本章重新用公司规模和机构持股比例来测度公司可视性，预期公司规模越小、机构持股比例越低，则企业的可视性程度越低。利用公司规模和机构持股比例重新测度可视性程度以后，发现研究结论没有变化，公司可视性同样没有发现能够对投资者关系管理绩效与未来期企业的违规倾向之间的负向关系产生显著影响。为节省篇幅，表格结果留存备索。总体来看，本章的研究结论是稳健和可靠的。

第五节　本章小结

　　本章利用南京大学联合证监会多年来为调查中国 A 股上市公司投资者关系管理总体状况而发送的问卷调查、实验测试、网站调查、年报评价等综合调查获取的特别数据，将投资者关系管理的价值效应研究从传统的绩效框架拓展到风险框架，系统检验和分析了投资者关系管理影响企业违规风险进而稳定市场的效应及其影响因素，研究发现：(1) 投资者关系管理绩效越高，则企业未来期违规倾向越低。表明投资者关系的有效管理能够显著抑制企业违规风险。(2) 相比内部控制质量低的公司，内部控制质量高的公司投资者关系管理绩效与未来期企业违规倾向之间的负向关系更强。表明在抑制企业违规风险方面，内部控制制度和投资者关系管理制度具有互补的作用效应。(3) 公司的可视性对投资者关系管理绩效与未来期企业违规倾向之间的负向关系并没有显著的影响。表明与绩效框架研究结论不同，在风险框架内公司可视性并不会成为投资者关系管理价值效应重要的调节因素。本章总体结论证实了资本市场"关系"的价值，通过投资者关系管理，上市公司提高了信息透明度，规范了公司治理体系，抑制了企业的违规风险，进而对资本市场稳定产生了显著影响。

　　本章研究的启示是：(1) 在抑制企业违规风险、稳定市场方面，上市公司开展的投资者关系管理活动，能够有效提高投资者利益的保护效率，降低管理层和大股东代理成本，因此深化企业的投资者关系管理职能具有战略意义。(2) 在抑制企业违规风险、稳定市场方面，投资者关系管理和内部控制制度具有很好的互补作用，因此监管层在未来制度建设和规范时应重视内部控制制度和投资者关系管理制度的连接性，对两种制度进行组合考量，引导企业设置相互匹配的决策程序和组织流程，最大程度发挥两种制度在稳定市场中的合力效应。

第四章
投资者关系管理与审计风险[①]

---

① 本章核心内容发表在会计学权威期刊《会计研究》上。

投资者关系管理是上市公司通过充分的自愿性信息披露，综合运用金融和市场营销的原理加强与投资界（涵盖公司现有的投资者和潜在投资者、证券分析师、基金经理、经纪商以及媒体等中介群体）的沟通，促进投资界对公司的了解和认同，实现公司价值最大化的战略管理行为（李心丹等，2007；NIRI，2011）。相比信息披露，IRM 更强调上市公司与投资者之间的互动，互动中向投资者充分披露相关信息，提高公司透明度，降低公司与投资者之间的信息不对称，进而对其信息风险产生显著的抑制作用。也就是说，IRM 不仅仅具有信息职能，使得公司信息更加透明化，还具有组织职能，抑制了管理层信息披露的操纵倾向（权小锋等，2016）。而 Sengupta and Shen（2007）、Beck and Mauldin（2014）、Jha and Chen（2015）等又发现信息风险会影响审计师决策。从研究逻辑上看，IRM 预期应该会对审计师决策产生影响，那么这种影响是否真实存在？如果存在，对应的客观表现、机理和影响因素如何？这是本章的研究动机。

为探讨以上问题，本章将 IRM 的价值效应研究从传统的绩效框架率先引入到审计师决策框架，并利用 2009 年南京大学联合证监会为调查中国 A 股上市公司投资者关系管理总体状况而发送的问卷调查、实验测试、网站调查、年报评价等综合调查获取的直接数据为基础，实证检验上市公司投资者关系管理对审计意见和审计费用的影响效应及其机理。

第一节 理论分析与研究假设

一、投资者关系管理与审计意见

本章在审计风险理论的框架内探讨投资者关系管理与审计师决策之间的关系。2006 年以来，随着国际审计准则和我国新的审计准则体系的颁布，我国审计准则体系确立了以风险导向为基础的审计模式，加大了审计师的法律风险，审计师需为自己发表的审计意见承担更多的责任。2006 年 7 月，法院判决华伦会计师事务所因蓝田股份事件承担连带赔偿责任更是为所有在中国从事审计业务的审计师敲响了警钟。2007年6月,最高法院又进一步修正了《关于审理涉及会计师事务所审计业务活动中民事侵权赔偿案件的若干规定》的司法解释,强化了审计师的民事责任。在此制度背景和市场环境下,审计风险的判断无疑会影响到审计师审计意见的表述。那么投资者关系管理是否会通过影响审计风险而对审计师的意见表述产生影响呢?这需要我们深入到审计风险的理论框架进行解析。

根据审计风险要素理论,审计风险包括固有风险、控制风险和检查风险。其中固有风险指在不考虑被审计公司的内部控制政策或程序的情况下,其会计报表上某项认定产生重大错报的可能性。它独立于会计报表审计之外,是审计师无法改变的一种风险,它的高低与被审计公司有关,并受所处环境的影响,与审计师无关,但审计师可以根据其对被审计公司业务和环境的观察判定其水平的高低。控制风险是指被审计公司内部控制未能及时防止或发现其会计报表上某项错报或漏报的可能性。同固有风险一样,审计人员只能评估其水平而不能影响或降低它的大小,它取决于被审计单位的内部控制质量。检查风险是指审计师通过预定的审计程序未能发现被审计单位会计报表上存在的某项重大错报或漏报的可能性。检查风险是审计风险要素中唯一可以通过审计师进行控制和管理的风险要素,审计师通过实施风险评估程序,了解被审计单位及其环境以识别和评估被审计单位的固有风险和控制风险。针对评估的被审计公司固有风险和控制风险判定审计素材重大错报的可能性,并设计和实施恰当的应对措施,以获取充分、适当的审计证据,将审计风险控制在可接受的低水平。因此被审计公司的固有风险和控制风险越高,审计师为降低自身的法律风险和信誉风险,就会在审计意见表述上更加谨慎,出具非标准审计意见的概率就会越大(Lennox,2000)。

那么投资者关系管理是否影响了企业的固有风险和控制风险呢?对于固有风险,投资者关系管理预期从两个方面产生了影响:(1)信息透明度。基于信息理论的研究发现,投资者关系管理绩效越好的公司,信息透明度越高。如Rowbottom et al.(2005)指出信息披露是做好IRM的关键因素,投资者最关心的是公司的报告信息,这些信息不仅包括公司的年度财务报告,还包括广义范围的公司报告及市场活动的相关信息。Chang et al.(2008)检验了公司通过IRM互动实施的信息披露与信息不对称之间的关系,研究发现企业在实施IRM的活动中,信息披露的质量越高,则企业面临的信息风险越低，信息透明度越高。Lev（2012）特别指出，企业要赢得投资者青睐，在投资者关系的管理上就需要做好长远打算，通过与投资者之间的良好沟通，并自愿性地披露真实的企业信息从而赢得投资者的口碑和声誉，提升公司的可信度和整体形象，促进企业长远发展。(2) 代理问题。基于代理理论，投资者关系管理绩效越好的公司，管理层盈余操纵的机会主义和代理问题就越少。如 Chandler（2014）通过对大量 CEO 的面访发现，CEO 认为 IRM 最重要的职能就是获取投资者的信任。他认为 CEO 存在通过 IRM 活动完善自身公司治理和管理体系的强烈动机，因此在与投资者深化沟通的过程中企业本身也规范了自身的公司治理体系，抑制了管理层从事盈余管理等代理问题和机会主义。马连福等（2010）认为 IRM 本质上是一种自主性公司治理机制，企业通过投资者关系管理，可以完善自身的公司治理体系，降低代理问题和提升投资者保护。杨德明和辛清泉（2006）发现上市公司投资者关系活动在一定程度上可以抑制代理成本。综合而言，IRM 通过提高信息的透明度和抑制管理层的代理成本，预期会提高被审计单位财务信息的可靠性，降低审计的固有风险。

对于控制风险，其高低取决于被审计公司的内部控制质量。Simunic（1980）、李越冬等（2014）认为内部控制和外部审计具有替代关系，被审计企业内部控制质量越高，则可以降低外部审计的实质性测试范围，降低审计的控制风险（Raghunandan and Rama, 2006；Hogan and Wilkins, 2008）。而李志斌（2013）发现投资者关系管理和内部控制质量具有显著的正向关系，即内部控制质量越高的企业越愿意从事投资者关系管理活动。因此投资者关系管理的绩效越高，企业的内部控制质量越高，进而审计的控制风险越低。根据以上文献的逻辑，投资者关系管理的综合绩效越高，则审计的固有风险和控制风险会越低，进而审计的总体风险就越可控。因此我们认为投资者关系管理的综合绩效通过降低审计风险预期会对审计师出具非标准的审计意见产生抑制作用。特提出以下假设：

H4-1：在其他条件不变的情况下，投资者关系管理的综合绩效与审计师出具非标准审计意见的概率呈显著的负向关系。

二、投资者关系管理与审计费用

在当前我国风险导向的审计模式下，审计师出具审计意见会非常谨慎，因此审计意见的表述会侧重考量审计风险，那么审计费用的决策又会考量哪些因素呢？其中投资者关系管理是否会对审计费用产生边际影响呢？在学术文献中，Simunic（1980）开创性地对审计定价即审计费用的决定因素进行了分析，他认为审计费用取决于两个最重要的因素：审计师的工作负荷和审计风险。审计师完成审计活动的工作负荷越大，审计工作需要付出的努力程度越高，则审计收费的议价即审计费用就越高；同样，审计师判定客户公司的审计风险越高，则审计收费的议价即审计费用就越高。后面的学者沿袭这一分析框架，又发现了很多审计费用的影响因素，但这些因素对审计费用的影响都是间接的，其中的传导机理要么是通过影响审计师工作负荷，要么是通过影响审计风险对审计费用产生影响的（Hay et al. 2006；Causholli et al. 2010；Jha and Chen，2015）。因此我们沿袭审计师工作负荷和审计风险两个维度分析投资者关系管理与审计费用之间的关系。

从审计师的工作负荷来看，审计需求理论强调审计具有信息价值（Dye，1993），审计师在审计事务中获取的信息如要产生价值，则必须经过审计师收集、过滤、整理、分析等一系列环节，而在这其中信息源的数量无疑会对审计师的工作负荷和努力程度产生显著影响，企业披露的信息源越多，则审计师需要分析和核对的信息量就越大，审计工作强度就越大，工作的努力程度就需要更高。有效的投资者关系管理是上市公司通过充分的自愿性信息披露，并利用金融和市场营销的原理实现与投资界和市场中介良好互动和沟通的价值管理行为。因此投资者关系管理绩效越高的企业，则分布于市场中的信息数量就越充分和密集，这无疑会加重审计师信息分析和核对的工作负荷，提高审计师的工作强度。因此，从审计师工作负荷的角度来看，IRM的绩效预期会对审计费用产生正向影响。

从审计风险来看，审计师的检查风险是审计师自身可以控制的风险，但这个风险又受到被审计企业的固有风险和控制风险的影响。如果审计师判断被审计企业的固有风险和控制风险较高，则审计事项的重大错报风险就较高，此时审计师应设计和实施恰当的应对措施，以获取充分、适当的审计证据，将审计风险控制在可接受的低水平。对于较高风险领域，审计师需要投入较多的资源，增加审计成本，因此审计收费就较高；对于较低风险领域，审计师分配的资源相对较少（如减少成本更高的实质性程序，更多依赖成本相对较低的控制测试），审计成本降低，因此审计收费就较低。结合 IRM 的职能内涵，可以推测投资者关系管理对审计风险的影响效应。首先，IRM 从经营层面体现为一种减少上市公司和投资界之间信息不对称的工具（Chang et al. 2014），上市公司通过投资者关系管理活动，提高了自身的信息披露水平和质量，提高了公司可信度和信息的透明度（Brennan and Tamarowski, 2000; Hong and Huang, 2005; Lev, 2012; Bushee and Miller, 2012; Kirk and Vincent, 2014）。而对于信息透明的公司，信息不对称程度低，外界能够更清晰地了解企业的财务状况。因此，在整个审计过程中，信息透明有助于审计师更准确地了解和评估客户重大错报风险，从而更有效地分配审计资源，更好地控制审计风险。此外，信息透明使得审计师能够以较低成本获取充分、适当的审计证据。Danielsen et al.（2007）发现审计费用与公司不透明度成正比，对于不透明的公司，审计师需要更多工作量，还可能承担更多未预料的风险，因此对该类公司收取更高的费用以补偿成本和风险。Sengupta and Shen（2007）认为信息风险影响审计师决策，对于信息质量越低的公司，审计师收费越高，出具持续经营不确定性意见的可能性越大，审计师变更的可能性也越高。其次，IRM 从管理层面体现为一种自我完善的治理机制（马连福等，2010；李心丹等，2007）。上市公司通过开展投资者关系管理，加强与投资者和市场中介的良性沟通，引入了更多的外部监督者，规范了自身的公司治理和管理体系，约束了管理层的代理问题。而代理问题严重的公司对审计师服务的需求也更多（Chow, 1982）。因此，审计师会对代理问题严重的客户索取较高的审计费用（Jensen, 1986; Gul and Tsui, 1998; Fan and Wong, 2005）。与审计意见的影响方向一致，IRM 预期会通过提高信息透明度和降低代理问题而产生抑制审计风险的作用。因此从审计风险的角度来看，IRM 的综合绩效预期会对审计费用产生负面影响。

综合来看，通过审计师工作负荷途径，IRM 的综合绩效预期对审计费用产生正向影响；通过审计风险途径，IRM 的综合绩效预期对审计费用产生负向影响。为此，不妨提出两个备择假设：

H4-2-A：在其他条件不变情况下，从审计风险角度看投资者关系管理的综合绩效与审计费用呈显著的负向关系。

H4-2-B：在其他条件不变情况下，从审计师工作负荷角度看，投资者关系管理的综合绩效与审计费用呈显著的正向关系。

第二节 实证设计

■ 一、样本选择与数据来源

本章以南京大学联合证监会 2009 年开展的中国上市公司投资者关系管理综合调查的上市公司为初始研究样本，剔除了：（1）金融类公司；（2）数据不全的公司；（3）ST、PT 公司，最后获取有效样本 365 个观测值。为控制极端值对研究结论的影响，对相关变量在样本 1% 和 99% 分位数处做了 Winsorize 处理。其中 IRM 数据由南京大学课题组联合证监会发送的问卷调查、实验测试、网站调查、年报评价等综合调查一手数据整理而来。上市公司违规数据来源于深交所、上交所与证监会网站手工收集。审计费用、审计意见、财务数据以及其他变量数据来源于 CSMAR 数据库。

■ 二、核心变量测度

1. 审计师决策

对于审计师的决策，本书重点从审计师的意见表述（审计意见）和审计定价（审计费用）两个层次展开。其中 $OPINION$ 表示审计意见，当审计师出具非标准审计意见时取 1，否则为 0；$LNAF$ 表示审计费用，用审计费用的自然对数测度。

2. 投资者关系管理

投资者关系管理的绩效指标测度体系见表 3-1。

3. 控制变量

控制变量选取和测度见表 4-1。

表4-1 变量定义表

变量名称	变量标识	定义及计算公式
审计费用	LNAF	报告期公司审计费用的自然对数
审计意见	OPINION	报告期公司为非标准审计意见时取值为1，否则为0
上一期审计意见	LAGOPINION	上一期公司为非标准审计意见时取值为1，否则为0
投资者关系管理的沟通绩效	IRM_C	见表3-1的B1指标测度方法
投资者关系管理的信息绩效	IRM_I	见表3-1的B2指标测度方法
投资者关系管理的组织绩效	IRM_O	见表3-1的B3指标测度方法
投资者关系管理的综合绩效	IRM	$IRM = \alpha_1 IRM\_C + \alpha_2 IRM\_I + \alpha_3 IRM\_O$，权重$\alpha$是利用AHP方法的对数最小二乘法得到
审计师工作负荷	WORKLOAD	用审计完成日期与会计年度截止日期的审计时长测度
审计风险	AUDITRISK	报告期企业因违规受到监管层谴责和处罚则为1，否则为0
客户规模	LNSIZE	公司报告期期末总资产的自然对数
客户业绩	ROA	报告期公司总资产收益率
是否亏损	LOSS	报告期公司净利润为负数则取值为1，否则为0
资产负债率	LEV	报告期公司负债总额占总资产的比例
存货与应收账款占比	RIP	公司期末的存货和应收账款之和与营业收入的比率
客户成长性	GROWTH	报告期公司营业收入相对于上期营业收入的增长比率
速动比率	QUICK	公司期末的流动资产减去存货账面价值后的净额，再除以流动负债
四大国际审计师	BIG4	报告期国际四大会计师事务所为公司提供审计服务时取值1，否则为0
是否国有	SOE	公司最终控制人为国有时取值为1，否则为0
行业虚拟变量	IND	控制行业效应

三、回归模型

为了检验假设 H4-1，本书构建多元回归模型如下：

$$OPINION = \beta_0 + \beta_1 IRM + \beta_2 LNSIZE + \beta_3 LEV + \beta_4 ROA +$$
$$\beta_5 LOSS + \beta_6 RIP + \beta_7 GROWTH + \beta_8 QUICK +$$
$$\beta_9 SOE + \beta_{10} BIG4 + \beta_{11} LAGOPINION +$$
$$\beta_{12} LNAF + \beta_j IND + \varepsilon$$

其中 $OPINION$ 为当期审计意见，审计师出具非标准审计意见时，取 1，否则为 0。IRM 为投资者关系管理的综合绩效。$LAGOPINION$ 为上一期审计师的审计意见。控制变量的选择参考李青原和赵艳秉（2014）、张俊瑞等（2014）的文献。

为了检验假设 H4-2，本书构建多元回归模型如下：

$$LNAF = \beta_0 + \beta_1 IRM + \beta_2 LNSIZE + \beta_3 LEV + \beta_4 ROA +$$
$$\beta_5 LOSS + \beta_6 RIP + \beta_7 GROWTH + \beta_8 QUICK +$$
$$\beta_9 SOE + \beta_{10} BIG4 + \beta_{11} OPINION + \beta_j IND + \varepsilon$$

其中 $LNAF$ 为当期审计费用的自然对数。既有研究表明，客户规模、客户盈利能力、客户财务状况、审计固有风险、审计意见类型、审计师特征、客户所有权性质等因素会影响审计费用（Simunic，1980；Francis et al. 2014；Gul and Tsui，1997；Beck and Mauldin，2014；邢立全和陈汉文，2013），为此，本章选取了审计客户的规模（$LNSIZE$）、总资产报酬率（ROA）、是否亏损（$LOSS$）、资产负债率（LEV）、流动比率（$QUICK$）、存货和应收账款的比重（RIP）、客户成长性（$GROWTH$）、审计意见类型（$OPINION$）、审计师是否为国际四大（$BIG4$）以及客户是否为国有控股（SOE）等变量，同时还选取了行业（IND）的影响。各变量具体定义见表 4-1，描述性统计结果见表 4-2。

表4-2 变量描述性统计

变量名称	样本量	平均值	标准差	25%分位	中位数	75%分位
LNAF	365	13.3673	0.7587	12.8479	13.2177	13.6530
OPINION	365	0.0832	0.3391	0.0000	0.0000	0.0000
LAGOPINION	365	0.0722	0.2928	0.0000	0.0000	0.0000
IRM	365	50.8403	14.6425	39.4476	49.2997	60.2116

续表

变量名称	样本量	平均值	标准差	25%分位	中位数	75%分位
IRM_C	365	37.759 3	23.034 7	18.666 7	39.600 0	56.666 7
IRM_I	365	76.231 6	11.238 3	70.000 0	78.181 8	80.000 0
IRM_O	365	38.530 1	22.243 4	17.070 0	33.030 0	51.966 0
WORKLOAD	365	83.935 4	22.264 5	73.500 0	84.000 0	103.000 0
AUDITRISK	365	0.126 0	0.332 3	0.000 0	0.000 0	0.000 0
LNSIZE	365	21.968 4	1.349 0	21.089 1	21.755 4	22.744 7
ROA	365	0.042 9	0.061 9	0.017 9	0.037 3	0.066 6
LOSS	365	0.068 5	0.252 9	0.000 0	0.000 0	0.000 0
LEV	365	0.504 4	0.194 1	0.364 1	0.513 6	0.643 9
RIP	365	0.526 7	0.640 8	0.189 8	0.316 6	0.581 5
GROWTH	365	0.259 8	3.095 8	−0.113 5	0.037 8	0.188 9
QUICK	365	1.261 7	1.555 2	0.585 0	0.877 8	1.273 7
SOE	365	0.361 6	0.481 1	0.000 0	0.000 0	1.000 0
BIG4	365	0.079 5	0.270 8	0.000 0	0.000 0	0.000 0

第三节 实证结果分析与讨论

一、投资者关系管理对审计师决策的影响效应

表 4-3 是审计意见、审计费用对投资者关系管理综合绩效的回归结果，从结果可见，当因变量是审计意见 OPINION 时，投资者关系管理综合绩效 IRM 的回归系数为 −0.083 1，在 5% 水平上显著，表明投资者关系管理的综合绩效越高，审计师越不可能出具非标准的审计意见，投资者关系管理能够影响审计师审计意见的表述。而当因变量是审计费用 LNAF 时，

IRM 的回归系数为 -0.006 3，但统计上并不显著，表明投资者关系管理的综合绩效对审计费用没有显著影响，投资者关系管理并不能够对审计师的审计定价决策产生显著影响。假设 H4-1 成立，而假设 H4-2 并不成立。

表4-3 投资者关系管理与审计意见、审计费用

变量	OPINION 系数	OPINION T值	LNAF 系数	LNAF T值
常数项	11.905 7**	2.346 3	5.605 2***	9.224 7
IRM	-0.083 1**	-2.464 3	-0.006 3	-1.199 4
LNSIZE	-0.407 2	-1.581 8	0.338 7***	10.947 9
ROA	-6.638 0	-0.707 4	-0.047 9	-0.117 8
LOSS	0.082 3**	2.123 1	0.157 9**	2.195 5
LEV	-1.448 7**	-2.155 2	-0.023 1	-0.102 5
RIP	-0.350 6	-0.350 9	0.000 1	0.631 7
GROWTH	-0.523 7	-1.007 2	-0.002 9	-1.337 6
QUICK	0.007 6	0.057 0	0.000 3	0.013 0
SOE	-0.011 3	-0.016 2	0.025 2	0.465 6
BIG4	0.187 2***	3.219 9	0.755 5***	5.813 4
LAGOPINION	3.215 5***	3.629 3		
LNAF	-0.107 7	-0.397 9		
OPINION			0.222 3*	1.863 1
IND	控制		控制	
N	365		365	
$Pseudo\ R^2$ 或 R^2	0.579 1		0.670 4	

■ 二、投资者关系管理对审计师决策的影响机理

由以上结果可见，在中国资本市场，上市公司投资者关系管理影响了审计师意见表述却没有对审计师定价决策产生影响，为什么会出现这种看似矛盾的现象呢？需要我们进行深层次的机理原因探寻。我们预期通过检验投资者关系管理对审计师工作负荷和审计风险的影响，进而分析产生投

资者关系管理影响审计师决策的机理。其中的检验模型设定如下：

$$AUDITRISK = \beta_0 + \beta_1 IRM + \beta_2 LNSIZE + \beta_3 LEV + \beta_4 ROA +$$
$$\beta_5 LOSS + \beta_6 RIP + \beta_7 GROWTH + \beta_8 SOE +$$
$$\beta_j IND + \varepsilon$$

$$WORKLOAD = \beta_0 + \beta_1 IRM + \beta_2 LNSIZE + \beta_3 LEV + \beta_4 ROA +$$
$$\beta_5 LOSS + \beta_6 RIP + \beta_7 GROWTH + \beta_8 SOE +$$
$$\beta_j IND + \varepsilon$$

其中，$AUDITRISK$ 表示审计风险，借鉴宋衍蘅（2011）的方法，用公司报告期是否被监管部门（证监会，上、深交易所，财政部等）谴责或处罚测度，如是则为1，否则为0。如企业当年被监管部门谴责或处罚，则企业的审计风险较高。$WORKLOAD$ 表示审计师工作负荷，用审计师的审计时长，即审计师出具审计报告日期与会计年度截止日期的时间间隔长度来测度。审计师出具报告日期距离会计年度截止日期越近，则表明审计工作花费的时间精力越多，审计工作负荷就越重。

回归结果见表4-4。从表中结果可见，当因变量是审计风险 $AUDITRISK$ 时，投资者关系管理的综合绩效 IRM 的回归系数为 -0.0084，且在5%水平上统计显著，表明投资者关系管理的综合绩效越高，则企业的审计风险越低，投资者关系管理能够有效降低企业的审计风险。当因变量是审计师工作负荷 $WORKLOAD$ 时，投资者关系管理的综合绩效 IRM 的回归系数为 0.0390，且在5%水平上统计显著，表明投资者关系管理的综合绩效越高，则审计师的工作负荷越重，投资者关系管理加重了审计师的工作负荷。

表4-4 投资者关系管理影响审计决策的机理分析

变量	AUDITRISK		WORKLOAD	
	系数	T值	系数	T值
常数项	−7.4189**	−1.9735	31.0113	1.2342
IRM	−0.0084**	−2.5121	0.0390**	2.3702
LNSIZE	−0.3766**	−1.9990	3.3196***	2.6743
ROA	−10.0190***	−2.7527	−35.0872	−0.9005
LOSS	1.7999**	2.1923	−1.3411	−0.2413
LEV	1.1763	1.2845	−26.6383***	−3.2689

续表

变量	AUDITRISK		WORKLOAD	
	系数	T值	系数	T值
RIP	−0.062 6	−0.154 5	0.058 0***	6.370 8
$GROWTH$	0.086 9**	2.251 4	0.601 6***	3.038 4
SOE	0.130 0	0.378 3	2.267 7	0.904 9
IND	控制		控制	
N	334		356	
$Pseudo\ R^2$ 或 R^2	0.489		0.099	

总结以上实证结论，可以对投资者关系管理影响审计师决策的效应机理进行推测：随着国际审计准则和我国2006年新审计准则的颁布，近年来我国审计准则体系确立了以风险导向为基础的审计模式，加大了审计师的法律风险，审计师须为自己发表的审计意见承担更多的责任，因此审计师在意见表述上更加侧重风险控制，投资者关系管理通过充分的信息披露和与投资者之间的战略沟通，提高了信息透明度和抑制了管理层代理问题，因此降低了审计师的审计风险，进而降低了审计师出具非标准审计意见的概率。但对于审计费用的决策而言，投资者关系管理综合绩效的提高虽降低了审计风险，但是由于投资者关系管理绩效的提高必然伴随着更多的自愿性信息进入审计市场，这无疑加大了审计师信息分析和核对的工作负荷，因此投资者关系管理绩效的提高也加大了审计师的工作负荷和努力程度。总体来看，投资者关系管理通过对审计师工作负荷的影响对审计费用产生了正向影响，同时投资者关系管理通过对审计风险的影响对审计费用产生了负向影响，两者效应的相互抵消使得投资者关系管理对审计费用的影响效应并不显著。因此总体来看，投资者关系管理虽然降低了审计师非标审计意见的表述概率，但对审计师的审计费用决策没有产生显著影响。

三、进一步分析：公司可视性的影响考察

以往文献（如Botosan，1997；Agarwal等2010；Bushee和Miller，2012等）在绩效框架下，发现投资者关系管理具有价值效应，而且这种价值效应在可视性较低的公司，如小公司、低分析师跟踪的公司中更加显

著。那么在审计师决策框架下，公司可视性是否对投资者关系管理与审计意见之间的关系产生显著影响呢？为此本书进一步展开公司可视性的影响因素考察。研究设定模型如下：

$$OPINION = \beta_0 + \beta_1 IRM + \beta_2 IRM * SMALL\_DUM + $$
$$\beta_3 SMALL\_DUM + \beta_4 LEV + \beta_5 ROA + $$
$$\beta_6 LOSS + \beta_7 RIP + \beta_8 GROWTH + \beta_9 QUICK + $$
$$\beta_{10} SOE + \beta_{11} BIG4 + \beta_{12} LAGOPINION + $$
$$\beta_{13} LNAF + \beta_j IND + \varepsilon$$

$$OPINION = \beta_0 + \beta_1 IRM + \beta_2 IRM * COVERAGE\_LOW + $$
$$\beta_3 COVERAGE\_LOW + \beta_4 LNSIZE + \beta_5 LEV + $$
$$\beta_6 ROA + \beta_7 LOSS + \beta_8 RIP + \beta_9 GROWTH + $$
$$\beta_{10} QUICK + \beta_{11} SOE + \beta_{12} BIG4 + $$
$$\beta_{13} LAGOPINION + \beta_{14} LNAF + \beta_j IND + \varepsilon$$

其中，$SMALL\_DUM$ 表示小公司的虚拟变量，当公司规模低于行业中位数时取 1，否则为 0，$COVERAGE\_LOW$ 表示低分析跟踪的虚拟变量，当公司年度内分析师的跟踪数低于行业中位数时取 1，否则为 0。回归结果见表 4-5。

表 4-5 公司可视性的影响因素考察

变量	OPINION			OPINION		
	全样本	小规模公司组	大规模公司组	全样本	低分析师跟踪组	高分析师跟踪组
常数项	6.218 0 (1.563 1)	5.330 2* (1.683 1)	8.221 9 (1.029 3)	10.153 9* (1.799 2)	9.220 1 (1.492 0)	10.144 1* (1.827 1)
IRM	−0.067 2** (−2.201 9)	−0.099 2*** (−2.857 2)	−0.044 8 (−2.441 6)	−0.080 5** (−2.399 9)	−0.176 2*** (−2.802 1)	−0.001 5* (−1.813 9)
IRM * SMALL_DUM	−0.020 9** (−2.418 5)					
SMALL_DUM	0.182 2 (1.192 2)					
IRM * COVERAGE_LOW				−0.001 7* (−1.779 2)		

续表

变量	OPINION 全样本	OPINION 小规模公司组	OPINION 大规模公司组	OPINION 全样本	OPINION 低分析师跟踪组	OPINION 高分析师跟踪组
COVERAGE_LOW				0.123 2** (2.165 1)		
LNSIZE		0.774 5** (2.109 8)	0.297 4 (1.100 1)	−0.316 0 (−1.100 1)	1.113 2 (1.218 8)	0.499 2 (0.893 7)
ROA	−3.797 0 (−0.404 5)	−2.092 8 (−1.295 4)	−3.778 8 (−1.332 7)	−5.871 7 (−0.577 6)	−8.992 0 (−1.093 3)	−3.211 5 (−1.112 2)
LOSS	0.089 9* (1.877 6)	0.067 2*** (2.766 5)	0.033 8* (1.901 6)	0.078 9* (1.746 2)	0.089 4** (2.401 1)	0.052 2 (1.472 3)
LEV	−1.353 1* (−1.808 9)	−1.582 0** (−2.000 3)	−1.139 2 (−1.547 7)	−1.454 4** (−2.026 6)	−2.112 2*** (−2.783 5)	−1.393 7 (−1.156)
RIP	−0.851 9 (−0.895 9)	−1.201 3 (−0.221 4)	−0.620 5 (−1.278 4)	−0.491 7 (−0.425 0)	−0.882 1 (−0.466 2)	−1.399 2 (−0.222 1)
GROWTH	−0.992 2** (−2.095 9)	−0.772 8** (−2.022 3)	−1.529 1** (−2.189 2)	−0.627 4 (−1.127 6)	−1.077 8 (−1.339 2)	−0.636 4 (−0.932 0)
QUICK	0.040 7 (0.361 6)	0.110 9 (1.266)	0.066 2 (0.789 2)	0.013 0 (0.091 9)	0.102 9 (1.042 6)	0.009 6 (0.781 4)
SOE	0.002 3 (0.003 4)	0.089 2 (1.297 4)	0.001 8 (1.223 5)	−0.020 4 (−0.029 6)	0.098 7 (1.203 1)	−0.072 6 (−0.982 8)
BIG4	0.427 1 (1.582 9)	0.561 9** (2.339 3)	0.001 9 (0.116 6)	0.092 9* (1.887 2)	0.223 4* (1.678 9)	0.007 7 (0.889 2)
LAGOPINION	3.136 0*** (3.586 0)	4.136 0*** (2.997 1)	3.001 9*** (2.782 2)	3.146 0*** (3.523 1)	3.990 2*** (4.131 6)	3.111 0*** (2.721 9)
LNAF	−0.317 1 (−0.934 2)	−0.772 3 (−1.029 1)	−0.119 2 (−0.289 1)	−0.120 6 (−0.427 6)	−0.777 7 (−0.992 1)	−0.102 3 (−0.209 3)
IND	控制	控制	控制	控制	控制	控制
N	365	183	182	365	195	170
$Pseudo\ R_2$	0.467 2	0.438 0	0.411 8	0.490 8	0.429 5	0.400 5

从表 4-5 结果可见,在全样本中,投资者关系管理的综合绩效 IRM 的回归系数为 -0.0672,且在 5% 水平上统计显著,再次表明投资者关系管理对审计师出具非标准审计意见的概率具有负向影响。而投资者关系管理的综合绩效与小规模公司的虚拟变量的交乘项 $IRM*SMALL\_DUM$ 的回归系数为 -0.0209,且在 5% 水平上统计显著,表明相对大公司而言,小公司中投资者关系管理对审计意见的负向影响更加强烈和显著。在分组回归检验中结果也相同,在小公司中投资者关系管理的综合绩效对审计意见存在显著负向影响,而在大公司中投资者关系管理的综合绩效对审计意见的负向影响并不显著。同样在对分析师跟踪情况的因素考察中发现,投资者关系管理的综合绩效与低分析师跟踪的虚拟变量的交乘项 $IRM*COV\text{-}ERAGE\_LOW$ 的回归系数为 -0.0017,且在 10% 水平上统计显著,表明相对分析师跟踪高的公司而言,低分析师跟踪公司中投资者关系管理对审计意见的负向影响更加强烈和显著。在分组回归检验中,相比高分析师跟踪的样本组,低分析师跟踪的样本组中投资者关系管理的综合绩效的回归系数和显著性更高。总结结果证实,投资者关系管理对审计师出具非标准审计意见的概率存在负向影响,且这种负向影响在可视性较低的公司,如小公司和低分析师跟踪的公司中更加强烈和显著。公司可视性显著影响了投资者关系管理与审计意见之间的负向关系。

第四节　稳健性检验

一、内生性控制

对于本章结论的一个潜在担忧就是内生性问题。为此,本章借鉴 EI Ghoul et al. (2011) 的方法,以行业内其他公司的 IRM 的综合绩效均值水平作为工具变量,应用两阶段工具变量 IV 法进行内生性控制处理。处于同一行业内的公司,在经营环境、业务流程、产品和服务等方面具有相似性,这就使得其面临相似的投资机会、成长性和经营风险。而我国上市公司 IRM 制度正处于规范和建设过程之中，行业内 IRM 活动经常会相互学习和借鉴。这不仅获得了理论上的支持（Kirk and Vincent，2014），同时也获得了实践证据的支持，如润言投资咨询有限公司2014年5月发布的《中国 A 股上市公司投资者关系管理调查报告》发现我国企业 IRM 表现出一定的行业属性。因此本章选取行业内其他企业 IRM 水平作为工具变量具有理论和实践支持。工具变量法第二阶段回归结果见表4-6，从表4-6结果可见，在控制内生性问题以后，研究结论依然成立。

表4-6 内生性控制处理

变量	OPINION		LNAF	
	系数	T值	系数	T值
常数项	−9.792 1	−0.689 9	5.611 7***	8.449 6
IRM_HAT	−0.126 9***	−2.846 0	0.006 6	0.963 4
LNSIZE	−0.430 6	−0.889 4	0.337 7***	9.461 1
ROA	−7.568 7	−0.560 2	−0.033 3	−0.076 3
LOSS	0.229 9*	1.882 1	0.165 0	1.242 4
LEV	−0.497 5	−0.512 3	0.009 9	0.044 5
RIP	0.093 9	0.089 7	0.000 1	0.706 2
GROWTH	−0.280 6	−0.587 4	−0.002 8	−1.147 7
QUICK	0.081 6	0.715 4	−0.000 7	−0.034 7
SOE	0.083 7	0.087 4	0.031 2	0.568 2
BIG4	0.119 7**	2.111 3	0.748 4***	5.875 4
LAGOPINION	2.865 4	1.630 9		
LNAF	−0.042 9	−0.095 0		
OPINION			0.207 4**	2.049 3
IND	控制		控制	
N	365		365	
R2	—		0.668	
Prob>chi2	0.000 0		—	

二、投资者关系管理的综合绩效指标分解

本章利用综合调查的数据，实证检验和分析了投资者关系管理影响审计师决策的效应、机理和影响因素。但这些研究结论是否受到核心变量测度的影响呢？为此本章进一步按照投资者关系管理的指标体系，将投资者关系管理的综合绩效指标细化到沟通绩效、信息绩效和组织绩效三个层次进行了分解检验，检验结果见表4-7。由表4-7结果可见，针对审计费用，投资者关系管理的沟通绩效、信息绩效、组织绩效都不能产生显著影响；针对审计意见，投资者关系管理的沟通绩效、信息绩效产生了显著的负向影响，而组织绩效并没有产生显著影响。这种结果验证了本章研究结论的稳健性，同时也补充说明投资者关系管理对审计意见的影响更多来自于投资者关系管理活动的沟通和信息绩效。我们推测投资者关系管理的组织绩效由于涉及企业内部针对投资者关系高管层的态度和部门组织制度建设情况，这种为处理投资者关系而构建的内部组织制度由于不如沟通绩效和信息绩效的可观测性和可验证性高，因此并没有引起外部审计师的足够注意，进而对审计意见并没有产生足够影响。

表4-7 稳健性检验：投资者关系管理的绩效指标分解

变量	OPINION			LNAF		
	栏目1	栏目2	栏目3	栏目4	栏目5	栏目6
常数项	0.926 1 (0.120 9)	23.035 5** (2.117 8)	4.678 3 (0.828 2)	5.492 9*** (8.316 8)	5.014 6*** (7.611 1)	5.495 5*** (8.959 2)
IRM_C	−0.099 6*** (−2.746 5)			0.002 6 (1.161 3)		
IRM_I		−0.117 1*** (−3.796 2)			−0.000 1 (−0.058 1)	
IRM_O			−0.009 3 (−0.732 0)			0.004 1 (1.469 3)
LNSIZE	−0.552 4* (−1.796 5)	−0.535 9 (−1.443 5)	−0.469 5*** (−3.111 8)	0.352 9*** (10.689 8)	0.377 8*** (11.952 1)	0.348 3*** (11.291 6)
ROA	−9.438 9 (−0.750 5)	−21.659 8** (−2.114 5)	−13.136 3* (−1.756 5)	0.038 0 (0.090 6)	0.284 0 (0.653 5)	0.090 5 (0.215 0)
LOSS	0.130 2** (2.292 2)	0.111 2** (2.344 9)	0.096 4* (1.892 5)	0.170 2 (1.256 2)	0.187 4 (1.393 2)	0.162 0 (1.225 2)

续表

变量	OPINION			LNAF		
	栏目1	栏目2	栏目3	栏目4	栏目5	栏目6
LEV	0.5959 (0.4703)	−3.5472*** (−2.6117)	−0.4697 (−0.5374)	−0.0342 (−0.1563)	−0.0644 (−0.2848)	−0.0002 (−0.0009)
RIP	0.8678 (0.8780)	−2.6550* (−1.8689)	−0.1702 (−0.3931)	0.0001 (0.5704)	0.0002 (0.8295)	0.0001 (0.6050)
GROWTH	−0.0036 (−0.0342)	−1.3997** (−2.2563)	−0.8645 (−1.5138)	−0.0012 (−0.5068)	−0.0006 (−0.2604)	−0.0047* (−1.9463)
QUICK	0.2132* (1.8871)	0.0377 (0.3233)	0.1039 (1.0829)	−0.0029 (−0.1427)	−0.0043 (−0.2098)	−0.0001 (−0.0075)
SOE	0.6826 (1.2607)	0.6134 (0.8708)	0.3144 (0.9519)	0.0267 (0.4881)	0.0196 (0.3590)	0.0255 (0.4773)
BIG4	0.2221** (2.1199)	0.1228* (1.8287)	0.1964*** (2.9910)	0.7730*** (5.8937)	0.7854*** (6.0169)	0.7575*** (5.9801)
LAGOP-INION	5.1859*** (4.0940)	4.1449*** (3.5173)	2.2855*** (3.0843)			
LNAF	0.3950 (1.1648)	−0.7903 (−1.5401)	−0.0829 (−0.2061)			
OPINION				0.2100** (2.1653)	0.1779* (1.7843)	0.1447 (1.3412)
IND	控制	控制	控制	控制	控制	控制
N	365	365	365	365	365	365
Pseudo R^2 或 R^2	0.5780	0.6130	0.4116	0.663	0.660	0.671

三、更换检测变量测度方法

为了更加确定投资者关系管理影响审计师决策的机理,本章还对机理检测中关键变量的测度方法进行了更换,其中审计师工作负荷用上市公司的业务单元数进行了替换测试,上市公司业务单元数越多,则审计师开展工作需要审核的工作量越大,因此需要付出的努力程度就越高;而审计风险借鉴 Simunic(1980)的研究,用过去三年是否发生亏损来进行替换测试。更换指标测度以后机理检验的回归结果见表4-8。从表4-8中结果可见,投资者关系管理的综合绩效对审计师工作负荷依然产生显著正向影响,而对审计风险产生显著负向影响。本章的研究结论总体是稳健和可靠的。

表4-8 机理分析的稳健性测试:更换测度指标

变量	AUDITRISK		WORKLOAD	
	系数	T值	系数	T值
常数项	2.1188***	−3.1928	20.4467**	2.3891
IRM	−0.1027*	−1.7291	0.0988***	2.7210
LNSIZE	−0.2293*	−1.8923	2.4076**	2.1346
ROA	−2.1116***	−3.7221	13.3902	1.2201
LOSS	2.1304***	2.7766	−2.1229	−1.4290
LEV	1.0027	1.5621	−24.5733**	−2.2837
RIP	−0.1166	−1.2836	0.1920	0.8291
GROWTH	0.0982	1.2002	0.5241	0.9920
SOE	0.7812	0.8271	1.8924	1.2298
IND	控制		控制	
N	313		307	
$Pseudo\ R^2$ 或 R^2	0.447		0.109	

第五节 本章小结

本章创新性地切入审计师决策的视角,以 2009 年南京大学联合证监会开展的 A 股上市公司投资者关系管理综合调查获取的直接数据为基础,实证检验和分析了投资者关系管理影响审计师决策的效应、机理和调节因素。研究发现:(1) 投资者关系管理的综合绩效与审计师出具非标准审计意见的概率呈显著的负向关系,但与审计费用并不存在显著关系。表明上市公司开展的投资者关系管理活动影响了审计师的意见表述,却没有影响审计师的审计定价决策。(2) 投资者关系管理的综合绩效与审计风险呈显著的负向关系，与审计师的工作负荷呈显著的正向关系。表明上市公司开展的投资者关系管理活动虽降低了审计风险却增加了审计师的工作负荷，两种不同的传导途径在审计费用的影响效应上会相互抵消。(3) 公司可视性显著影响了投资者关系管理与审计师出具负面审计意见概率之间的负向关系。即相比可视性高的公司（大公司和高分析师跟踪的公司），可视性低的公司（小公司和低分析师跟踪的公司）中投资者关系管理的综合绩效对审计师出具非标准审计意见概率的负向影响更加显著。

  本章的研究启示是：(1) 在当前中国资本市场，上市公司开展"关系"特别是"投资者关系"的管理和维护具有价值效应，细化到审计市场，投资者关系管理能够影响审计师的负面意见表述。这一发现对上市公司开展投资者关系管理的实践活动具有重要的启示价值。当前阶段，我国资本市场正处于由核准制向注册制逐渐过渡的时期，在注册制下企业股票发行不是为了满足监管层的规定和要求，而是重点转向了获得市场中广大投资者的认知和许可。因此可预期投资者关系管理在未来会获得管理层的更高重视。本章的研究将资本市场和审计市场链接起来，为管理层认识投资者关系管理的战略作用提供了新的思考和启发。(2) 研究发现可视性低的公司，投资者关系管理的价值提升效应更为明显，因此对于中国资本市场中规模小、分析师跟踪低、媒体报道少、机构持股低等可视性差的公司而言，可建议其将投资者关系管理提升到战略认知层面，在控制成本的基础上可考虑聘请市场中专门处理投资者关系的公关公司对投资者关系管理进行指导和服务，通过与公关公司的服务对接，提升企业的信息透明度并规范自身的公司治理体系，强化市场中投资者对企业的价值发现和认知，这无疑对可视性低的企业而言更具有战略价值。

第五章

投资者关系管理与股价崩盘风险[①]

[①] 本章核心内容发表在国内权威期刊《管理世界》上。

股价崩盘风险已成为全球金融危机后宏观经济和微观财务学的热点研究问题。从中国来看，股票市场的暴涨暴跌在全球名列前茅，股价的暴涨暴跌问题特别是暴跌所引起的股价崩盘风险对中国证券市场的安全构成了巨大隐患。如何深入研究股价崩盘风险的内在动因及其影响机理，并提出有针对性的防范措施以降低股价崩盘风险已经引起国内外学者的普遍关注。本章研究独辟蹊径，聚焦中国资本市场的"关系"价值检验，通过投资者关系管理对未来期股价崩盘风险的影响效应、机理与调节因素进行考察，检验和分析投资者关系管理稳定市场的效应和机理。研究对提升上市公司战略沟通能力，提高投资者市场信心，抑制股票崩盘乃至稳定宏观金融市场具有重要的价值和意义。

第一节 理论分析与研究假设

股价崩盘风险是全球金融危机后财务学和金融学产生的热点研究问题。Jin 和 Myers（2006）针对其形成机理，提出了管理层捂盘假说的理论解释。他们认为管理层出于自身薪酬、职业生涯、建立帝国和政治晋升考量，在信息披露中经常会报喜不报忧，如果好消息和坏消息均随机出现，且管理者均及时披露两类消息，即消息分布是对称的，则股票回报的分布也对称（Kothari 等，2009）。然而大量研究表明，管理者披露坏消息和好消息的分布并不对称，管理层存在捂盘坏消息的行为倾向，即管理者更倾向于隐瞒或推迟披露坏消息而加速披露好消息（Francis 等，1994；Kothari 等，2009）。坏消息随时间的推移在公司内部不断积累，但"纸终究包不住火"，由于公司对坏消息的容纳存在一个上限，一旦累积的负面消息超过了这个上限，坏消息将集中释放出来，进而对公司股价造成极大的负面冲击并最终崩盘。

后期学者延承管理层捂盘假说的理论机理，进行了大量的实证研究，这些文献在证实管理层捂盘假说的基础上，还从股票崩盘风险的影响因素方面进行了拓展研究和分析（如 Hutton 等，2009；潘越等，2011，许年行等，2013；Callen 和 Fang，2014；Xu 等，2014；叶康涛等，2015）。基于管理层捂盘假说的理论机理和实证研究发现，股价崩盘风险的生成来源于两层因素：（1）内因。作为内部控制人和掌握优势信息的管理层出于机会主义而存在信息披露操纵的行为倾向。（2）外因。管理层通过隐藏坏消息实现信息披露操纵行为要想在短期内不被发现，那么企业信息环境不透明是必要条件，因为在透明的信息环境中管理层实施信息披露操纵的成本是非常大的。

那么 IRM 是如何影响未来期股价崩盘风险的呢？本章从 IRM 的职能分解进行深入剖析。Bushee 和 Miller（2012）认为有价值的投资者关系的内涵包括吸引、承诺、信任，因此高绩效的 IRM 应体现三个方面的职能：沟通职能、信息职能和组织职能。首先，企业要吸引现存和潜在的投资者，那么与投资者之间的战略性沟通就显得很有必要。通过战略性沟通了解投资者的信息需求偏好和投资特征，实现与投资者之间的相互理解和支持，并最大程度发挥关系资本的价值效应是 IRM 的沟通职能目标方向；其次，企业的承诺要赢得投资者的信赖，那么披露的信息质量必须要高，通过披露高质量的信息提高上市公司的诚信程度是 IRM 的信息职能目标方向；最后，企业要赢得投资者的真正信任，投资者关系管理就应建立健全正式的组织制度，通过顶层设计来确定 IRM 在企业中的重要地位。因此有效的 IRM 还应体现组织职能，即通过设计完善和健全的组织制度提升高管对 IRM 的重视，进行部门的专业化设置以及提升 IRM 人员的素质。

就 IRM 的沟通职能而言，其目的是通过畅通的信息渠道降低投资者的风险，维持公司与投资者之间的良好关系并通过有效管理创造关系价值。Dolphin（2004）认为投资者沟通是一个战略性工具，通过与投资者的良好沟通和互动，市场中广大投资者会更好发挥监督效应，企业自身的运营和管理体系也更加规范和完善，管理层机会主义行为会得到抑制，代理问题将会得到改善。而 Gregory（1997）认为，IRM 的沟通职能从战略角度实现公司形象的营销和品牌的构建，在投资者群体中创造一个正面的声誉，从而能很好地降低股东认为公司危险的程度。Higgins（2002）研究了与投资界进行坦率、明确、及时的战略沟通的风险与回报，在研究公开沟通行为的利弊之后，认为坦诚的沟通行为可以避免"战略阻碍"（在缺乏合理的战略与财经信息时，分析师等人通常会做最坏的假设）。Bushee 和 Miller（2012）通过对经验丰富的公关公司从业人员的问卷调查发现，成功的投资者关系策略实施的重点不在于增强信息披露，而在于企业高管层构建畅通的直接接触渠道以吸引市场中的机构投资者和证券分析师。由此可见，IRM 的沟通职能是一种战略性工具。一方面，企业通过对机构投资者和证券分析师等市场参与者的调研或面访，提供自愿性的战略性信息和运营信息给市场，提高投资者的知情权，并最终提高企业信息环境的透明度，这抑制了未来期股价崩盘风险的形成外因；另一方面，投资者沟通越充分，企业对建立市场品牌和声誉越重视。Chandler（2014）就曾通过对大量 CEO 的面访发现，CEO 认为 IRM 最重要的职能就是获取投资者的信任，因此他认为公司存在通过 IRM 管理活动完善自身公司治理和管理体系的强烈动机，公司在与投资者进行深化沟通的过程中企业本身也规范了公司治理体系，抑制了管理层从事信息披露操纵的机会主义，降低了代理成本，最终抑制了未来期股价崩盘风险产生的内因。综合来看，IRM 的沟通职能对未来期股价崩盘风险的内因和外因都产生了强烈的抑制效应，因此投资者关系的沟通职能预期能抑制未来期股价崩盘风险的产生，起到稳定市场的作用。

就 IRM 的信息职能而言，Rowbottom 等（2005）的研究表明：信息披露是做好 IRM 的关键因素，投资者最关心的是公司的报告信息，这些信息不仅包括公司的年度财务报告，还包括广义范围的公司报告以及市场活动的相关信息。Chang 等（2008）检验了公司通过 IRM 治动实施的信息披露与信息不对称之间的关系，研究发现企业在实施 IRM 的活动中，信息披露的质量越高，则企业面临的信息风险越低，信息不对称程度越低。高质量的信息披露包含完整性、可靠性和及时性三方面（Kim 等，2012）。信息披露的完整性和可靠性越高，则企业对外报告信息的广度和深度越大，信息的综合质量越高，因此企业面临的信息风险和信息不对称程度就会越低，最终信息环境的透明度会提高；而信息披露的及时性越高，则管理层通过隐藏坏消息进行信息违规披露的机会成本和难度就会加大。综合来看，IRM 的信息职能对未来期股价崩盘风险的内因和外因都产生了强烈的抑制效应，因此投资者关系的信息职能预期能抑制未来期股价崩盘风险的产生，起到稳定市场的作用。

就 IRM 的组织职能而言，当前中国上市公司很多企业都建立了正式的 IRM 制度，这种从企业顶层设计上明确投资者关系维护的重要地位，并予以制度性保障的做法既提高了企业信息的可信性，还约束了管理层机会主义的行为倾向。Bushee 和 Miller（2012）针对美国中小企业的调查发现，企业高管对 IRM 的重视程度越高，则企业越愿意花代价聘请职业的公关公司实施投资者关系维护；还发现相比没有聘请公关公司的中小企业，专门聘请公关公司的中小企业信息披露显著增加，市场中高质量参与者如机构投资者、媒体报道、分析师的跟踪程度更高，公司的价值提升也更快。Kirk 和 Vincent（2014）针对美国大型企业的研究发现，相比没有专门设置职业化 IRM 部门的企业，专门设置 IRM 部门的企业信息披露增加，分析师跟踪、机构持股、股票流动性以及市场估值会显著增加。由以上文献可见，首先对于企业的 IRM 活动，高管越重视，IRM 部门的组织设置越健全和完善，即企业 IRM 的组织职能越高，则企业的可视性程度越高，市场中投资者和参与者面临的信息风险就会越低，市场总体的信息不对称状况就会得到改善，最终企业信息环境的透明度就会越高，因此投资者关系管理的组织职能预期会抑制未来期股价崩盘风险产生的外因；其次，IRM 的组织职能级别越高，企业内部越容易形成重视投资者关系，保护投资者利益的文化氛围，这种企业文化虽然是一种补充性的"软制度"，但在高管层重视投资者关系和利益的理念驱动下会内嵌到企业的管理体系中，进而对管理层违规披露的机会主义行为产生抑制作用，因此投资者关系的组织职能预期也会抑制未来期股价崩盘风险生成的内因。综合来看，IRM 的组织职能预期对未来期股价崩盘风险的内因和外因都产生了强烈的抑制效应，因此投资者关系的组织职能预期能抑制未来期股价崩盘风险的产生，起到稳定市场的作用。

综合以上文献，本章提出 IRM 影响未来期股价崩盘风险的理论机理框架，如图 5-1 所示，并根据这一框架提出以下研究假设：

假设 H5-1-A：在中国资本市场，IRM 的沟通职能具有稳定市场效应，即 IRM 的沟通职能与未来期股价崩盘风险之间呈显著的负向关系。

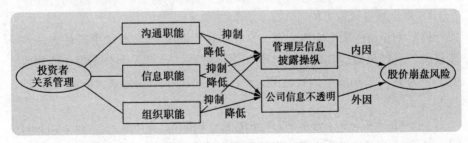

图 5-1　投资者关系管理稳定市场的理论机理框架

假设 H5-1-B：在中国资本市场，IRM 的信息职能具有稳定市场效应，即 IRM 的信息职能与未来期股价崩盘风险之间呈显著的负向关系。

假设 H5-1-C：在中国资本市场，IRM 的组织职能具有稳定市场效应，即 IRM 的组织职能与未来期股价崩盘风险之间呈显著的负向关系。

第二节 实证设计

一、样本选择与数据来源

本章以南京大学联合证监会 2009 年开展的中国上市公司 IRM 综合调查的上市公司为初始研究样本，剔除了：(1) 金融类公司；(2) 数据不全的公司；(3) ST、PT 公司，最后获取有效样本 334 个观测值。为控制极端值对研究结论的影响，对相关变量在样本 1% 和 99% 分位数处做了 Winsorize 处理。其中 IRM 数据由对南京大学课题组联合证监会发送的问卷调查、实验测试、网站调查、年报评价等综合调查一手数据整理而来。信息披露违规数据来源于深交所、上交所与证监会网站手工收集，内部控制质量数据来源于"迪博(DIB)内部控制与风险管理数据库"。股价崩盘风险、财务数据及其他变量数据来源于 CSMAR 数据库。

二、变量测度

1. 股价崩盘风险 CR

借鉴 Hutton 等 (2009)、Xu 等 (2014) 的文献，本章用三种方法来度量股价崩盘风险。具体计算过程如下：首先，计算各个公司每年的周收益，记为 W。公司股票周收益 $W_{i,\tau} = Ln(1+\varepsilon_{i,\tau})$，$\varepsilon_{i,\tau}$ 为式 (5-1) 估计的残差。

$$r_{i,\tau} = \alpha_i + \beta_{1,i} r_{m,\tau-2} + \beta_{2,i} r_{m,\tau-1} + \beta_{3,i} r_{m,\tau} + \beta_{4,i} r_{m,\tau+1} + \beta_{5,i} r_{m,\tau+2} + \varepsilon_{i,\tau} \quad (5\text{-}1)$$

其中：$r_{i,\tau}$ 是公司 i 在第 τ 周的股票收益率；$r_{m,\tau}$ 为市值加权的市场指数

在第 τ 周的收益率。

本章采用的第一种股价崩盘风险的度量指标是周收益极值分布虚拟变量，记为 $CRSAH_{i,t}$，其计算方法如下：

$$W_{i,\tau} < \text{Average}(W_{i,\tau}) - 3.09\sigma \qquad (5\text{-}2)$$

其中 $Average(W_{i,\tau})$ 是每一年度内所有公司周收益的平均值，σ 是每一年度内公司股票周收益的标准差。如果年度内股票 i 的周收益 $W_{i,\tau}$ 落在公式（5-2）的区间1次以上（包含1次），则推定股票陷入崩盘风险，股票周收益极值分布值 $CRSAH_{i,t}$ 等于1，否则为0。

本章采用的第二种股价崩盘风险的度量指标是股票周收益负偏程度，记为 $NCSKEW$。计算方法是：计算各家公司每年度周收益的三阶矩与周收益的标准差三次方之商的相反数，如式（5-3）所示：

$$NCSKEW_{i,t} = -\left[n(n-1)^{\frac{3}{2}}\sum W_{i,\tau}^3\right] \Big/ \left[(n-1)(n-2)\left(\sum W_{i,\tau}^2\right)^{\frac{3}{2}}\right] \qquad (5\text{-}3)$$

其中：t 代表第 t 年；n 表示公司 i 在年度 t 中周收益的观测值数量。

本章采用的第三种股价崩盘风险的度量指标是周收益跌涨波动比率，记为 $DUVOL$。先将各家公司每年所有的周收益按照高于或低于平均值分成两组，然后分别计算各组的标准差。$DUVOL$ 为低于平均值的标准差与高于平均值的标准差比值的自然对数，如式（5-4）所示：

$$DUVOL_{i,t} = Ln\left[(n_u-1)\sum_{DOWN} W_{i,\tau}^2 \Big/ \left((n_d-1)\sum_{UP} W_{i,\tau}^2\right)\right] \qquad (5\text{-}4)$$

其中：t 代表第 t 年；n_u 和 n_d 分别表示高于平均值和低于平均值的周收益观测值数量。特别需要注意的是因为模型设定的关系，本章被解释变量股价崩盘风险 CR 的指标全取向后一年的数据（$CRSAH_{i,t+1}$、$NCSKEW_{i,t+1}$、$DUVOL_{i,t+1}$）。

（二）投资者关系管理 IRM

投资者关系管理的职能指标体系见表 3-1。

（三）控制变量 CV

控制变量选取借鉴 Kim 等（2011a）、潘越等（2011）等的文献，$DTURN_t$ 为去趋势化的月度换手率指标，用来测度投资者异质信念；$NCSKEW_t$ 为公司股票周收益偏度的相反数；$DUVOL_t$ 为公司股票周收益波动比；$CRASH_t$ 是公司股票周收益的极值分布虚拟变量；$SIGMA_t$ 是公司股票周收益的标准差，该指标反映了公司股价的波动大小，波动越大股价崩盘风险越大；RET_t 是公司股票周收益平均值；$LNSIZE_t$ 表示公司规模，用总资产的自然对数测度；MB_t 表示公司市值账面比；LEV_t 表示公司财务杠杆，用公司总资产负债率表示；$OPAQUE_t$ 表示信息不透明度，用公司过去3年（$t-1$，$t-2$ 和 $t-3$）操纵性应计绝对值平均值测度，操纵性应计根据修正截面琼斯模型计算得到，Hutton 等（2009）用该指标表示公司财务信息透明度的反向指标；ROE_t 为净资产收益率；IND 表示控制行业效应。所有变量的定义及测度见表 5-1，变量的描述性统计结果见表 5-2。

表 5-1 变量定义表

变量类型	变量名	变量符号	变量测度
被解释变量	股价崩盘风险	$CRASH_{t+1}$	向后一年股票周收益极值分布，具体测度见公式（5-2）
		$NCSKEW_{t+1}$	向后一年股票周收益的负偏程度，具体测度见公式（5-3）
		$DUVOL_{t+1}$	向后一年股票周收益涨跌波动比，具体测度见公式（5-4）
解释变量	IRM 的沟通职能	IRM_C_t	见表 3-1 的 B1 指标测度方法
	IRM 的信息职能	IRM_I_t	见表 3-1 的 B2 指标测度方法
	IRM 的组织职能	IRM_O_t	见表 3-1 的 B3 指标测度方法
	IRM 的综合水平	IRM_INDEX_t	$IRM\_INDEX_t = \alpha_1 IRM\_C_t + \alpha_2 IRM\_I_t + \alpha_3 IRM\_O_t$，权重 α 是利用 AHP 方法的对数最小二乘法得到
检验变量	信息披露操纵倾向	$ILLEGAL_t$	上市公司当年存在信息披露违规行为且被交易所和证监会谴责和处罚则取1，否则为0
	内部控制质量	IC_t	迪博（DIB）中国上市公司风险控制评价指数
控制变量	周收益极值分布	$CRASH_t$	公司股票周收益极值分布的虚拟变量
	周收益负偏度	$NCSKEW_t$	公司股票周收益偏度的相反数
	周收益波动比	$DUVOL_t$	公司股票周收益涨跌波动比率
	投资者异质性	$DTURN_t$	为去趋势化的月度换手率
	市场波动	$SIGMA_t$	公司股票周收益标准差，反映股价波动幅度
	市场收益	RET_t	公司股票周收益平均值

续表

变量类型	变量名	变量符号	变量测度
控制变量	财务杠杆	LEV_t	用资产负债率测度
	公司规模	$LNSIZE_t$	用总资产的自然对数测度
	市账比	MB_t	每股现价对每股账面价值的比率
	净资产收益率	ROE_t	净利润与平均股东权益的比值
	信息不透明度	$OPAQUE_t$	为公司过去三年（$t-1$，$t-2$ 和 $t-3$）操纵性应计绝对值的均值
	行业	IND	控制行业固定效应

表5-2 描述性统计表

变量	样本数	均值	中位数	最小值	最大值	标准差
$CRASH_{t+1}$	334	0.138	0	0	1	0.345
$NCSKEW_{t+1}$	334	−0.115	−0.057	−1.957	1.105	0.685
$DUVOL_{t+1}$	334	−0.079	−0.055	−1.466	0.907	0.473
IRM_C_t	334	37.941	39.333	1.333	84.667	23.006
IRM_I_t	334	75.191	75.909	50	100	10.972
IRM_O_t	334	37.795	33.030	11.380	98.580	22.275
IRM_INDEX_t	334	48.810	45.992	26.984	86.027	15.399
$ILLEGAL_t$	334	0.123	0	0	1	0.329
IC_t	334	717.450	705.620	509.720	974.160	99.900
$CRASH_t$	334	0.012	0	0	1	0.109
$NCSKEW_t$	334	−0.443	−0.393	−2.206	0.576	0.533
$DUVOL_t$	334	−0.350	−0.348	−1.228	0.663	0.411
RET_t	334	0.019	0.019	0.004	0.049	0.007
$SIGMA_t$	334	0.072	0.069	0.041	0.142	0.016
$TURN_t$	334	0.727	0.665	0.139	1.947	0.360
$OPAQUE_t$	334	0.247	0.173	0.027	1.581	0.262
LEV_t	334	0.525	0.548	0.081	0.870	0.183
MB_t	334	2.172	1.826	0.929	7.613	1.252
$LNSIZE_t$	334	22.145	21.964	19.567	26.369	1.274
ROE_t	334	0.094	0.088	−0.283	0.471	0.117

三、回归模型设定

借鉴 Hutton 等（2009）、潘越等（2011）的文献，本章设定回归基本模型如下：

$$CR_{t+1} = \beta_0 + \beta_1 IRM_t + \beta_2 CR_t + \beta_3 DTURN_t + \beta_4 SIGMA_t \\ + \beta_5 RET_t + \beta_6 LNSIZE_t + \beta_7 MB_t + \beta_8 LEV_t + \beta_9 ROE_t \quad (5\text{-}5) \\ + \beta_{10} OPAQUE_t + \beta_j IND + \varepsilon_t$$

其中 CR_{t+1} 表示股价崩盘风险，用股票收益极值分布 $CRASH_{t+1}$、股票收益负偏度 $NCSKEW_{t+1}$ 和股票周收益涨跌波动比 $DUVOL_{t+1}$ 度量。IRM_t 表示投资者关系管理水平，综合水平指标用 IRM_INDEX_t 测度，职能指标用 IRM 的沟通职能 IRM_C_t、信息职能 IRM_I_t、组织职能 IRM_O_t 三个维度来分别度量。其余变量定义见表 5-1。实证分析重点关注回归系数 β_1 的方向和显著性。

第三节 实证结果分析与讨论

一、IRM 稳定市场的效应检验

表 5-3 是股价崩盘风险对 IRM 的回归结果。从表中结果可见，当股价崩盘风险用股票周收益的极值分布 $CRASH_{t+1}$ 测度时，模型 1 中 IRM 综合指标的回归系数为 -0.025，在 10% 水平统计显著；当股价崩盘风险用股票周收益的负偏程度 $NCSKEW_{t+1}$ 测度时，模型 5 中 IRM 综合指标的回归系数为 -0.003，在 10% 水平统计显著；当股价崩盘风险用股票周收益涨跌波动比 $DUVOL_{t+1}$ 测度时，模型 9 中 IRM 综合指标的回归系数为 -0.001，在 5% 水平统计显著。IRM 综合指标的回归结果证实 IRM 的综合指标对股价崩盘风险产生了显著的负面影响。进一步分解 IRM 的职能维度，发现 IRM 不同职能对股价崩盘风险产生了不同的影响效应。就 IRM

的信息职能而言，当因变量股价崩盘风险分别用 $CRASH_{t+1}$、$NCSKEW_{t+1}$、$DUVOL_{t+1}$ 测度时，IRM 的信息绩效的回归系数分别为 -0.038、-0.007、-0.003，且都在 5% 水平上统计显著。表明 IRM 的信息职能对未来期的股价崩盘风险产生显著的负向影响；就 IRM 的组织职能而言，当股价崩盘风险分别用 $CRASH_{t+1}$、$NCSKEW_{t+1}$ 测度时，回归系数都为负，且在 5% 水平上统计显著，表明 IRM 的组织职能对未来期的股价崩盘风险产生显著的负向影响；就 IRM 的沟通职能而言，当股价崩盘风险无论用哪个指标测度时，发现 IRM 的沟通职能 IRM_C_t 的回归系数都不显著。表明在 IRM 职能维度中，仅有 IRM 的沟通职能没有对未来期的股价崩盘风险产生显著影响。这一点与理论假说不符，笔者推测产生这种问题的现实原因可能是当前上市公司对 IRM 活动在理念层面战略沟通的职能重视不足，IRM "重披露而轻沟通"，忽略投资者关系的精细化管理所致。2014 年 5 月，润言投资咨询有限公司针对中国 A 股上市公司高管层发放了 600 余份调查问卷，对中国 IRM 的现状进行了详细调查分析，发现在被问及最重视的三项 IRM 工作时，入选比例最高的分别是信息披露、机构投资者沟通和监管层沟通，分别占比 85%、61% 和 51%，而中小投资者沟通的入选比例仅为 31%。这样的调查结果显示两个现实问题：(1) 当前中国上市公司 IRM 工作存在"重信息披露而轻沟通"的现象；(2) 上市公司在沟通对象选择上存在重机构投资者和监管层而忽略中小股东的现象。由此可见，当前 IRM 虽然在我国取得了长足的进步和发展，但是上市公司和投资者的战略性互动与沟通还有待深化，特别是对投资者结构的精细化管理还不够深入，细分投资者结构并根据不同类型投资者的需求偏好设定沟通工作的重点和手段应该成为未来期 IRM 的重要内容。

总体而言，IRM 的三个职能维度中，沟通职能对未来期股价崩盘风险没有产生显著影响，而信息职能和组织职能都产生了显著负向影响。表明就抑制未来期股价的崩盘风险而言，IRM 的信息职能和组织职能发挥了市场稳定效应，而沟通职能还没有发挥市场稳定效应。

表 5-3 投资者关系管理对股价崩盘风险的影响

变量	CRASH$_{t+1}$				NCSKEW$_{t+1}$				DUVOL$_{t+1}$			
	模型 1	模型 2	模型 3	模型 4	模型 5	模型 6	模型 7	模型 8	模型 9	模型 10	模型 11	模型 12
CON	−12.254*** (−2.669)	−11.784*** (−2.684)	−11.027** (−2.413)	−12.048*** (−2.637)	1.527* (1.661)	1.484 (1.581)	1.861** (2.036)	1.694* (1.847)	0.649 (0.983)	0.586 (0.864)	0.764 (1.145)	0.726 (1.099)
IRM_INDEX$_t$	−0.025* (−1.819)				−0.003* (−1.929)				−0.001** (−2.376)			
IRM_C$_t$		−0.009 (−0.891)				−0.002 (−0.663)				−0.001 (−0.438)		
IRM_I$_t$			−0.038** (−2.367)				−0.007** (−1.987)				−0.003** (−2.216)	
IRM_O$_t$				−0.011** (−2.246)				−0.001** (−2.331)				−0.001 (−1.101)
CRASH$_t$	2.096 (1.637)	1.913 (1.486)	1.969* (1.705)	2.111* (1.680)								
NCSKEW$_t$					0.027 (0.313)	0.027 (0.307)	0.027 (0.313)	0.026 (0.297)				
DUVOL$_t$									0.052 (0.776)	0.052 (0.797)	0.049 (0.716)	0.050 (0.753)
RET$_t$	−28.175 (−0.601)	−25.516 (−0.558)	−17.712 (−0.372)	−27.108 (−0.589)	11.988 (1.622)	12.124 (1.632)	14.402* (1.954)	12.516* (1.692)	6.240 (1.241)	6.151 (1.217)	7.164 (1.432)	6.548 (1.396)
SIGMA$_t$	−27.791 (−1.182)	−26.782 (−1.118)	−31.998 (−1.341)	−26.366 (−1.138)	−10.276*** (−2.637)	−10.199*** (−2.605)	−11.071*** (−2.833)	−10.230*** (−2.632)	−5.107** (−1.973)	−5.071* (−1.951)	−5.481** (−2.104)	−5.105** (−1.974)
DTURN$_t$	0.309 (0.461)	0.356 (0.527)	0.498 (0.714)	0.353 (0.534)	−0.226 (−1.626)	−0.222 (−1.599)	−0.213 (−1.564)	−0.215 (−1.565)	−0.113 (−1.108)	−0.114 (−1.116)	−0.111 (−1.110)	−0.108 (−1.069)

续表

变量	$CRASH_{t+1}$				$NCSKEW_{t+1}$				$DUVOL_{t+1}$			
	模型1	模型2	模型3	模型4	模型5	模型6	模型7	模型8	模型9	模型10	模型11	模型12
$OPAQUE_t$	0.566 (0.584)	0.470 (0.496)	0.489 (0.510)	0.562 (0.566)	0.218 (1.293)	0.209 (1.264)	0.220 (1.287)	0.212 (1.257)	0.157 (1.545)	0.154 (1.542)	0.160 (1.558)	0.154 (1.518)
LEV_t	1.557 (1.087)	1.702 (1.210)	1.695 (1.173)	1.698 (1.176)	0.331 (1.336)	0.394 (1.332)	0.336 (1.401)	0.356 (1.450)	0.299* (1.857)	0.295* (1.815)	0.339* (1.894)	0.351* (1.952)
MB_t	0.149 (0.682)	0.141 (0.648)	0.166 (0.795)	0.133 (0.612)	0.032 (0.895)	0.031 (0.866)	0.032 (0.877)	0.030 (0.835)	0.035 (1.360)	0.035 (1.362)	0.035 (1.363)	0.034 (1.323)
$LNSIZE_t$	−0.046 (−0.225)	−0.110 (−0.556)	−0.086 (−0.445)	−0.124 (−0.611)	−0.065 (−1.607)	−0.067 (−1.594)	−0.068* (−1.727)	−0.078** (−1.984)	−0.045 (−1.575)	−0.042 (−1.431)	−0.043 (−1.535)	−0.050* (−1.821)
ROE_t	1.956 (0.965)	2.006 (0.992)	1.763 (0.868)	1.840 (0.906)	0.095 (0.334)	0.116 (0.407)	0.097 (0.340)	0.070 (0.245)	−0.026 (−0.146)	−0.011 (−0.064)	−0.021 (−0.118)	−0.034 (−0.192)
IND	控制	控制	控制	控制	控制	控制	控制	控制	控制	控制	控制	控制
N	308	308	308	308	334	334	334	334	334	334	334	334
$Pseudo\ R_2$ 或 R_2	0.124	0.116	0.131	0.118	0.142	0.142	0.150	0.140	0.141	0.141	0.145	0.141

二、IRM 稳定市场的机理检验

如果 IRM 能够影响未来期股价崩盘风险,那么深层次的问题必然出现:这种影响效应到底是如何实现的?其中的作用机理是什么?

为考量 IRM 稳定市场的机理,本章通过深入考察 IRM 对股价崩盘风险的内因和外因的影响,进而分析 IRM 影响股价崩盘风险的机理和途径。为考察投资者关系管理对股价崩盘风险形成的内因影响,特设定模型如下:

$$ILLEGAL = \beta_0 + \beta_1 IRM + \beta_2 SIGMA + \beta_3 LNSIZE + \beta_4 MB + \beta_5 LEV + \beta_6 ROE + \beta_7 IND + \varepsilon \quad (5\text{-}6)$$

其中 ILLEGAL 表示管理层信息披露的操纵倾向,指标测度是当上市公司当年存在信息披露违规行为而被证监会和交易所当年或者以后年度谴责和处罚,则取 1,否则取 0;IRM 表示投资者关系管理,用 IRM 的沟通职能 IRM_C、信息职能 IRM_I、组织职能 IRM_O 三个维度来度量。

为考察 IRM 对股价崩盘风险形成的外因影响,特设定模型如下:

$$OPAQUE = \beta_0 + \beta_1 IRM + \beta_2 LNSIZE + \beta_3 MB + \beta_4 LEV + \beta_5 ROE + \beta_7 IND + \varepsilon \quad (5\text{-}7)$$

其中,OPAQUE 表示信息环境的不透明度,用公司过去三年操纵性应计绝对值平均值测度;IRM 表示投资者关系管理水平,回归结果见表 5-4。

表 5-4 投资者关系管理影响股价崩盘风险的机理

变量	ILLEGAL			OPAQUE		
	模型 1	模型 2	模型 3	模型 4	模型 5	模型 6
CON	−6.846 (−0.998)	−3.101 (−0.488)	−2.637 (−0.440)	0.490 (1.635)	0.560* (1.843)	0.619* (1.944)
IRM_C	−0.016 (−1.637)			−0.000 (−0.467)		
IRM_I		−0.013** (−2.687)			−0.001** (−2.468)	
IRM_O			0.010** (−2.044)			0.000 (−0.576)
SIGMA	12.131 (1.074)	14.975 (1.376)	17.966 (1.589)			

续表

变量	ILLEGAL			OPAQUE		
	模型 1	模型 2	模型 3	模型 4	模型 5	模型 6
LEV	3.257*** (2.588)	3.453*** (2.755)	3.599*** (2.797)	0.099 (1.460)	0.110 (1.610)	0.113* (1.690)
MB	−0.015 (−0.077)	−0.054 (−0.268)	−0.078 (−0.380)	0.002 (0.135)	0.001 (0.085)	0.001 (0.060)
LNSIZE	−0.422 (−1.343)	−0.584** (−2.060)	−0.663** (−2.473)	−0.015 (−1.125)	−0.021 (−1.526)	−0.022 (−1.530)
ROE	−0.023 (−0.015)	−0.340 (−0.223)	−0.447 (−0.289)	0.396*** (3.301)	0.381*** (3.319)	0.384*** (3.412)
IND	控制	控制	控制	控制	控制	控制
N	308	308	308	334	334	334
R^2	0.111	0.109	0.102	0.394	0.387	0.398

从表 5-4 结果可见，IRM 的沟通职能 IRM_C 对管理层信息披露操纵倾向 ILLEGAL 和信息不透明度 OPAQUE 都没有产生显著影响。表明 IRM 的沟通职能对股价崩盘风险形成的内因和外因都没有产生作用，因此投资者关系管理的沟通绩效不能影响未来期股价的崩盘风险；IRM 的信息职能 IRM_I 对管理层信息披露操纵倾向 ILLEGAL 产生了显著的负向影响，对信息不透明度 OPAQUE 产生了显著的负向影响。表明 IRM 的信息职能对股价崩盘风险形成的内因和外因都产生了显著的抑制效应，因此投资者关系管理的信息职能越高，则未来期股价的崩盘风险越低，两者之间呈显著的负向关系；IRM 的组织职能 IRM_O 对管理层信息披露操纵倾向 ILLEGAL 产生了显著的负向影响，但对信息不透明度 OPAQUE 并没有产生显著的影响。表明 IRM 的组织职能仅对股价崩盘风险形成的内因产生了显著的抑制效应，因此 IRM 的组织职能级别越高，则未来期股价的崩盘风险越低，两者之间呈显著的负向关系。

总结以上结论，本章对 IRM 影响股价崩盘风险的理论机理框架进行修正，修正机理见图 5-2，表明就稳定市场而言，在中国当前资本市场上，IRM 之所以能够产生作用，其中的机理是 IRM 的信息职能和组织职能发挥了显著效应，而沟通职能并没有发挥效应所致。具体的机理和途径是：IRM 通过对应的信息职能，抑制了股价崩盘风险形成的内因（管理层基于机会主义的信息披露操纵倾向），降低了股价崩盘风险形成的外因（企业信息环境的不透明度），最终降低了未来期股价的崩盘风险；而 IRM 的组织职能，通过构建正式和健全的组织制度与程序约束和制约了股价崩盘风险形成的内因（管理层信息披露操纵倾向），最终降低了未来期股价的崩盘风险。

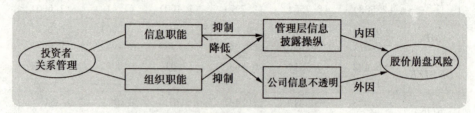

图 5-2 投资者关系管理稳定市场的修正机理

■三、拓展性分析：内部控制的环境影响

在探索和分析了 IRM 影响股价崩盘风险的效应及其机理后，我们进一步考察内部控制的环境影响。之所以聚焦考察内部控制的环境影响是因为 IRM 制度和内部控制制度具有内在的关联性：（1）从制度内涵的关联性来看，IRM 制度是企业针对外部投资界而进行的关系维护的制度建设，而内部控制制度是企业针对内部的运作程序和流程进行的综合优化和管理的制度建设。（2）从战略内涵的关联性来看，IRM 活动一般被定位为自主性治理机制（马连福和陈德球，2007）和战略管理行为（全美投资者关系协会，NIRI），而内部控制活动作为公司治理的制度性体系和自律系统能够将公司治理和战略管理落到实处，我国《企业内部控制基本规范》中更是明确了内部控制促进战略实现的目标。为此本章进一步分析，在稳定市场方面，内部控制制度和 IRM 制度作为中国上市公司近年来重点建设的两种内外制度，其在作用方向上是互补、替代还是无关的？检验模型设计如式（5-8）。

$$CR_{t+1} = \beta_0 + \beta_1 IRM_t + \beta_2 IRM_t * IC\_DUM_t + \beta_3 IC\_DUM_t \\ + \beta_4 CR_t + \beta_5 DTURN_t + \beta_6 SIGMA_t + \beta_7 RET_t \\ + \beta_8 LNSIZE_t + \beta_9 MB_t + \beta_{10} LEV_t + \beta_{11} ROE_t \\ + \beta_{12} OPAQUE_t + \beta_j IND + \varepsilon_t$$

(5-8)

其中 IC_DUM_t 是内部控制质量的虚拟变量，当企业内部控制质量高于行业中位数时取 1，否则为 0。内部控制质量使用迪博（DIB）中国上市公司风险控制评价指数进行测度，该指数是由深圳迪博企业风险管理技术有限公司基于结构化评分的方法,从内部控制的5个核心要素即内部环境、风险评估、控制活动、信息与沟通、内部监督出发,设置65个二级指标进行指标体系构建和评价得来,该指数在学术界已获得较高的认可度(佟岩和徐峰,2013,;叶康涛等,2015)。回归模型中如回归系数 β_1 显著为负、β_2 显著为正时,则就稳定市场而言,内部控制质量与IRM存在替代关系;回归系数 β_1 显著为负、β_2 显著为负时,则内部控制质量与投资者关系存在互补关系;回归系数 β_1 显著为负、β_2 不显著时,则就稳定市场而言,两者是没有相关性的,回归结果见表5-5。

表5-5 投资者关系管理、内部控制质量与股价崩盘风险

变量	$CRASH_{t+1}$		$NCSKEW_{t+1}$		$DUVOL_{t+1}$	
	模型1	模型2	模型3	模型4	模型5	模型6
CON	−10.708** (−2.053)	−9.953* (−1.896)	2.736*** (2.904)	1.740* (1.861)	1.313* (1.851)	0.512 (0.730)
IRM_I_t	−0.034* (−1.657)		−0.010** (−2.266)		−0.006* (−1.695)	
$IRM\_I_t * IC\_DUM_t$	−0.007 (−0.216)		0.007 (1.047)		0.006 (1.208)	
IRM_M_t		−0.017** (−2.095)		−0.001* (−1.812)		−0.004 (−1.119)
$IRM\_M_t * IC\_DUM_t$		−0.009** (−2.436)		−0.001* (−1.689)		−0.002** (−2.246)
IC_DUM_t	0.692 (0.304)	−0.091 (−0.120)	−0.358 (−0.731)	−0.362** (−2.212)	−0.360 (−1.016)	−0.268** (−2.435)
$CRASH_t$	1.878 (1.585)	1.983 (1.530)				
$NCSKEW_t$			0.037 (0.424)	0.022 (0.254)		
$DUVOL_t$					0.053 (0.782)	0.047 (0.712)
RET_t	−17.712 (−0.429)	−27.108 (−0.733)	10.014* (1.922)	12.912 (1.592)	5.002 (1.173)	7.229 (1.402)
$SIGMA_t$	−30.633 (−1.312)	−25.013 (−1.110)	−10.468*** (−2.666)	−9.893** (−2.567)	−5.276** (−1.998)	−5.100* (−1.958)

续表

变量	CRASH$t+1$		NCSKEW$t+1$		DUVOL$t+1$	
	模型 1	模型 2	模型 3	模型 4	模型 5	模型 6
$DTURN_t$	0.491 (0.708)	0.316 (0.476)	−0.210 (−1.533)	−0.203 (−1.501)	−0.109 (−1.094)	−0.097 (−0.966)
$OPAQUE_t$	0.479 (0.513)	0.543 (0.558)	0.223 (1.350)	0.224 (1.367)	0.163 (1.623)	0.167* (1.652)
LEV_t	1.721 (1.138)	1.822 (1.197)	0.403 (1.624)	0.358 (1.446)	0.335** (2.084)	0.288* (1.828)
MB_t	0.161 (0.783)	0.124 (0.591)	0.026 (0.712)	0.027 (0.762)	0.032 (1.243)	0.034 (1.322)
$LNSIZE_t$	−0.122 (−0.545)	−0.187 (−0.783)	−0.102** (−2.521)	−0.091** (−2.241)	−0.060** (−2.091)	−0.047 (−1.603)
ROE_t	1.437 (0.635)	1.601 (0.710)	−0.125 (−0.381)	−0.211 (−0.626)	−0.116 (−0.561)	−0.181 (−0.865)
IND	控制	控制	控制	控制	控制	控制
N	308	308	334	334	334	334
Pseudo R^2 或 R^2	0.132	0.119	0.160	0.155	0.152	0.158

结合前文的研究结论，在稳定市场方面 IRM 的信息职能和组织职能发挥了显著的影响效应，本章在此基础上分析内部控制质量的环境影响。从表 5-5 结果可见，在引入内部控制质量的交乘项以后，投资者关系管理的信息职能与内部控制质量交乘项 $IRM\_I_t * IC\_DUM_t$ 的回归系数并不显著，表明在稳定市场方面，内部控制质量与投资者关系管理的信息职能并没有产生相关关系。而投资者关系管理的组织职能与内部控制质量交乘项 $IRM\_O_t * IC\_DUM_t$ 的回归系数且都显著为负，表明相比低质量内部控制企业，高质量的内部控制企业中 IRM 的组织职能与股价崩盘风险之间的负向关系更为强烈和显著。总体而言，在稳定市场方面，内部控制制度和 IRM 的组织职能具有互补作用，内部控制制度的完善可以进一步强化 IRM 的组织职能在稳定市场方面的作用和效应。

第四节 稳健性检验

一、内生性控制

对本章结论的一个潜在担忧就是内生性问题。本章用 IRM 的当期变量预测未来期的股价崩盘风险,这种处理能够控制反向因果效应的内生性问题,但仍然存在遗漏相关不可观察的变量同时影响 IRM 与未来期股价崩盘风险,造成两者之间关系的虚假回归。为此,本书借鉴 EI Ghoul 等(2011) 的方法,以行业内其他公司 IRM 水平的均值 IRM_OTHER_t 作为工具变量,用两阶段工具变量 IV 法进行内生性控制。处于同一行业的公司,在经营环境、业务流程、产品和服务等方面具有相似性,这使得其面临相似的投资机会、成长性和经营风险。而我国上市公司 IRM 制度正处于规范和建设中,行业内 IRM 活动经常会相互学习和借鉴。这不仅获得了理论支持(Kirk 和 Vincent,2014),也获得了实践证据的支持,如润言投资咨询有限公司 2014 年 5 月发布的《中国 A 股上市公司 IRM 调查报告》发现我国企业 IRM 表现出较高的行业属性。因此本章选取行业内其他企业 IRM 水平作为工具变量有理论和实践支持,工具变量法第二阶段回归结果见表 5-6。从表 5-6 结果可见,控制内生性问题以后,研究结论依然成立。

表5-6 内生性控制：工具变量法

变量	CRASH$_{t+1}$			NCSKEW$_{t+1}$			DUVOL$_{t+1}$		
	模型1	模型2	模型3	模型4	模型5	模型6	模型7	模型8	模型9
CON	−0.148 (−0.001)	−3.465 (−0.017)	−0.303 (−0.002)	1.162 (0.902)	1.822* (1.678)	1.738 (1.520)	0.483 (0.540)	0.734 (0.975)	0.827 (1.046)
IRM_C_HATt	0.017 (1.096)			−0.003 (−0.863)			−0.001 (−0.473)		
IRM_I_HATt		−0.007* (−1.753)			−0.004 (−1.320)			−0.001** (−2.294)	
IRM_M_HATt			−0.023** (−2.396)			−0.003** (−2.054)			−0.001 (−1.459)
CRASHt	1.246 (1.394)	1.190 (1.398)	0.934 (0.968)						
NCSKEWt				0.028 (0.397)	0.026 (0.370)	0.026 (0.357)			
DUVOLt							0.056 (0.864)	0.050 (0.788)	0.049 (0.768)
RETt	−2.152 (−0.087)	−11.816 (−0.516)	−1.069 (−0.041)	11.265 (1.339)	13.819* (1.669)	12.753 (1.514)	5.886 (1.012)	6.750 (1.176)	7.077 (1.214)
SIGMAt	−14.030 (−1.164)	−12.337 (−1.043)	−12.823 (−1.017)	−10.137** (−2.368)	−10.762** (−2.495)	−10.246** (−2.395)	−5.048* (−1.717)	−5.251* (−1.763)	−5.140* (−1.747)
DTURNt	0.359 (0.892)	0.267 (0.691)	0.281 (0.672)	−0.235 (−1.604)	−0.212 (−1.483)	−0.212 (−1.454)	−0.118 (−1.161)	−0.110 (−1.101)	−0.102 (−1.005)
OPAQUEt	0.248 (0.542)	0.216 (0.486)	0.123 (0.251)	0.208 (1.160)	0.216 (1.213)	0.210 (1.170)	0.153 (1.235)	0.157 (1.262)	0.149 (1.197)

续表

变量	$CRASH_{t+1}$			$NCSKEW_{t+1}$			$DUVOL_{t+1}$		
	模型1	模型2	模型3	模型4	模型5	模型6	模型7	模型8	模型9
$LEVt$	1.213* (1.741)	0.974 (1.519)	1.261* (1.779)	0.302 (1.191)	0.346 (1.424)	0.362 (1.461)	0.284 (1.622)	0.303* (1.800)	0.323* (1.887)
MBt	0.061 (0.561)	0.087 (0.830)	0.037 (0.324)	0.034 (0.829)	0.031 (0.767)	0.030 (0.728)	0.036 (1.274)	0.035 (1.238)	0.032 (1.153)
$LNSIZEt$	−0.264 (−1.294)	−0.110 (−0.783)	−0.290 (−1.555)	−0.049 (−0.836)	−0.073 (−1.588)	−0.081 (−1.609)	−0.037 (−0.893)	−0.047 (−1.468)	−0.057 (−1.629)
$ROEt$	0.285 (0.278)	0.647 (0.728)	0.822 (0.849)	0.173 (0.459)	0.086 (0.241)	0.069 (0.192)	0.007 (0.025)	−0.029 (−0.117)	−0.038 (−0.156)
IND	控制	控制	控制	控制	控制	控制	控制	控制	控制
N	308	308	308	334	334	334	334	334	334
Wald Chi2 或 R^2	24.14	23.83	22.49	0.139	0.148	0.140	0.141	0.143	0.139

二、情景控制：机理分析的进一步检验

在机理分析部分，本章结合股价崩盘风险的形成成因，分析了 IRM 的不同职能通过影响股价崩盘风险的内因和外因进而对股价崩盘风险的形成产生了显著影响。这种分析虽然能够形成一般性的研究结论，但缺乏情景检验，为进一步检验机理，本章沿袭股价崩盘风险的内外成因分析路线，从反面情景来检验 IRM 与股价崩盘风险之间的内在关系。（1）从内因出发，管理层自利性的代理问题是管理层捂盘行为的内在动因。那么当外部股东的监督力量偏弱，管理层代理问题缺乏制约时，投资者关系管理是否能够更加显著地抑制代理问题，进而降低股价崩盘风险呢？我们预期选取市场中积极投资者的代表（机构投资者）的持股水平来测度外部股东的监督力量。那么当市场中外部股东监督力量越弱，IRM 从企业内部发挥治理功效的空间越大时，IRM 的"市场稳定效应"是否更显著？即不同的外部机构监督情景下，IRM 影响股价崩盘风险的效应是否存在显著差异？（2）从外因出发，信息不透明环境提供了管理层捂盘行为的外在条件。那么处于不同信息环境下的企业，IRM 影响股价崩盘风险的效应是否存在差异呢？我们用信息不透明度来作为信息环境的反面测度指标。那么当企业面临的信息环境越差，IRM 发挥信息功效的空间越大时，IRM 的"市场稳定效应"是否更显著？即不同的信息环境下，IRM 影响股价崩盘风险的效应是否存在显著差异？

表 5-7 情景分析：机构股东监督考察

变量	$CRASH_{t+1}$		$NCSKEW_{t+1}$		$DUVOL_{t+1}$	
	机构低持股组	机构高持股组	机构低持股组	机构高持股组	机构低持股组	机构高持股组
CON	0.011 (0.017)	0.352 (0.541)	1.655 (1.330)	2.194 (1.441)	0.452 (0.519)	1.607 (1.449)
IRM_INDEX_t	−0.022* (−2.259)	−0.011** (−2.404)	−0.005*** (−2.675)	−0.004** (−2.312)	−0.005** (−2.040)	−0.003* (−1.747)
$CRASH_t$	−0.128 (−0.966)	0.314 (1.386)				
$NCSKEW_t$			0.071 (0.575)	−0.099 (−0.877)		

续表

变量	$CRASH_{t+1}$		$NCSKEW_{t+1}$		$DUVOL_{t+1}$	
	机构低持股组	机构高持股组	机构低持股组	机构高持股组	机构低持股组	机构高持股组
$DUVOL_t$					0.142 (1.461)	−0.052 (−0.552)
RET_t	1.356 (0.198)	−8.837 (−1.602)	−11.517 (−0.950)	27.040** (2.531)	−7.729 (−0.955)	15.352** (2.155)
$SIGMA_t$	−1.780 (−0.464)	−1.794 (−0.617)	−4.448 (−0.707)	−11.941** (−2.318)	−1.260 (−0.297)	−5.896* (−1.695)
$DTURN_t$	−0.066 (−0.584)	0.134 (1.412)	−0.235 (−1.251)	−0.246 (−1.198)	−0.150 (−1.026)	−0.132 (−0.864)
$OPAQUE_t$	0.219 (1.318)	0.015 (0.095)	0.253 (1.273)	0.182 (0.752)	0.119 (0.870)	0.154 (1.052)
LEV_t	0.029 (0.122)	0.303 (1.615)	0.230 (0.660)	0.314 (0.879)	0.157 (0.643)	0.404* (1.676)
MB_t	−0.000 (−0.007)	0.040 (1.057)	−0.001 (−0.018)	0.060 (0.913)	0.023 (0.645)	0.032 (0.710)
$LNSIZE_t$	0.011 (0.380)	−0.020 (−0.688)	−0.059 (−1.054)	−0.106 (−1.557)	−0.026 (−0.672)	−0.098** (−2.015)
ROE_t	0.094 (0.317)	0.150 (0.438)	0.323 (0.748)	−0.212 (−0.457)	0.015 (0.050)	−0.187 (−0.626)
IND	控制	控制	控制	控制	控制	控制
N	173	161	173	161	173	161
$Pseudo\ R^2$ 或 R^2	0.050	0.087	0.144	0.028	0.099	0.052
组间差异 P 值	0.123		0.176		0.118	

表 5-7 是依据机构投资者持股水平对样本进行分组回归的结果。从结果可见，不管是在机构低持股组还是机构高持股组，IRM 对股价崩盘风险都存在显著的负面影响，且分组差异性检验也不显著。表明 IRM 发挥市场稳定效应是不存在状态依存外部机构股东监督环境的。

表 5-8 是依据信息透明度水平对样本进行分组回归的结论。从结果可见，在低信息透明组，IRM 对股价崩盘风险存在显著的负面影响；而在高信息透明组，IRM 对股价崩盘风险的影响并不显著，且组间差异检验基本显著。表明 IRM 发挥市场稳定效应是状态依存信息环境的。这从反面直接

体现了 IRM 的信息职能建设的重要性，同时也间接证实了 IRM 的组织职能建设的重要性，因为有效的组织和制度安排才能保障高质量信息的生成和持续供给。

表 5-8 情景分析：信息环境考察

变量	$CRASH_{t+1}$		$NCSKEW_{t+1}$		$DUVOL_{t+1}$	
	低信息透明度组	高信息透明度组	低信息透明度组	高信息透明度组	低信息透明度组	高信息透明度组
CON	−0.003 (−0.005)	0.087 (0.129)	1.196 (0.885)	1.198 (0.911)	0.243 (0.237)	0.878 (0.980)
IRM_INDEX_t	−0.034*** (−3.017)	−0.011 (−0.257)	−0.006** (−2.337)	−0.003 (−0.560)	−0.003 (−1.211)	−0.001 (−0.261)
$CRASH_t$	−0.077 (−0.835)	0.465 (1.399)				
$NCSKEW_t$			−0.042 (−0.324)	0.097 (0.878)		
$DUVOL_t$					0.027 (0.243)	0.089 (1.072)
RET_t	−7.200* (−1.752)	−2.642 (−0.351)	4.672 (0.451)	12.623 (1.000)	4.168 (0.528)	5.275 (0.685)
$SIGMA_t$	−0.578 (−0.211)	−2.917 (−0.780)	−5.558 (−0.972)	−14.614*** (−2.615)	−4.855 (−1.221)	−5.125 (−1.337)
$DTURN_t$	0.052 (0.469)	0.035 (0.354)	−0.337 (−1.569)	0.042 (0.222)	−0.141 (−0.946)	0.007 (0.053)
LEV_t	0.448** (2.326)	−0.050 (−0.239)	0.774* (1.805)	0.092 (0.296)	0.721** (2.443)	0.078 (0.382)
MB_t	0.016 (0.581)	0.038 (0.985)	0.046 (0.776)	0.074 (1.486)	0.069 (1.598)	0.041 (1.206)
$LNSIZE_t$	0.004 (0.126)	−0.000 (−0.008)	−0.065 (−1.131)	−0.039 (−0.645)	−0.037 (−0.841)	−0.047 (−1.128)
ROE_t	0.389 (1.373)	0.085 (0.259)	0.350 (0.833)	0.018 (0.039)	0.037 (0.140)	0.114 (0.366)
IND	控制	控制	控制	控制	控制	控制
N	167	167	167	167	167	167
$Pseudo\ R^2$ 或 R^2	0.077	0.037	0.049	0.089	0.072	0.035
组间差异 P 值	0.007		0.024		0.245	

三、样本容量控制：Bootstrap 抽样回归方法

本章样本是通过抽样调查获取，因此存在样本量偏少的局限。为克服这种局限并保证结论的可靠性，我们在方法上应用 Bootstrap 随机抽样 50 次的方法，并利用聚类稳健回归方法重新对研究基本结论进行了检验，检验结果见表 5-9。从结果可见，在增大样本随机抽样次数并增加实验样本容量以后，研究结论不变，研究结论总体稳健。

表5-9 样本容量控制：Bootstrap抽样方法

变量	CRASH$_{t+1}$				NCSKEW$_{t+1}$				DUVOL$_{t+1}$			
	模型1	模型2	模型3	模型4	模型5	模型6	模型7	模型8	模型9	模型10	模型11	模型12
CON	-12.254*** (-2.602)	-11.784* (-1.654)	-11.027** (-2.158)	-12.048* (-1.832)	1.527** (2.464)	1.484** (2.573)	1.861** (2.937)	1.694*** (2.726)	0.649** (2.035)	0.586** (2.153)	0.764** (2.503)	0.726* (1.949)
IRM_INDEX$_t$	-0.025*** (-3.431)				-0.003** (-2.389)				-0.001** (-2.032)			
IRM_C$_t$		-0.009 (-0.833)				-0.002 (-0.319)				-0.001 (-0.036)		
IRM_I$_t$			-0.038** (-2.053)				-0.007* (-1.703)				-0.003** (-2.048)	
IRM_O$_t$				-0.011** (-2.256)				-0.001** (-2.133)				-0.001 (-1.383)
CRASH$_t$	2.096** (2.021)	1.913*** (2.811)	1.969* (1.921)	2.111*** (2.901)								
NCSKEW$_t$					0.027 (0.241)	0.027 (0.314)	0.027 (0.299)	0.026 (0.286)				
DUVOL$_t$									0.052 (0.906)	0.052 (0.734)	0.049 (0.767)	0.050 (0.915)
RET$_t$	-28.175 (-1.463)	-25.516 (-0.387)	-17.712 (-0.592)	-27.108 (-0.434)	11.988 (1.516)	12.124* (1.688)	14.402 (1.569)	12.516 (1.480)	6.240 (1.201)	6.151 (1.500)	7.164 (1.330)	6.548 (1.352)
SIGMA$_t$	-27.791 (-1.601)	-26.782 (-1.001)	-31.998 (-1.428)	-26.366 (-1.138)	-10.276** (-2.415)	-10.199** (-2.214)	-11.071** (-2.397)	-10.230** (-2.373)	-5.107* (-1.794)	-5.071* (-1.781)	-5.481** (-2.098)	-5.105* (-1.896)
DTURN$_t$	0.309 (0.549)	0.356 (0.462)	0.498 (0.743)	0.353 (0.461)	-0.226* (-1.863)	-0.222 (-1.615)	-0.213* (-1.695)	-0.215 (-1.464)	-0.113 (-1.114)	-0.114 (-1.051)	-0.111 (-1.005)	-0.108 (-1.129)

续表

变量	$CRASH_{t+1}$				$NCSKEW_{t+1}$				$DUVOL_{t+1}$			
	模型1	模型2	模型3	模型4	模型5	模型6	模型7	模型8	模型9	模型10	模型11	模型12
$OPAQUE_t$	0.566*	0.470	0.489	0.562	0.218	0.209	0.220	0.212	0.157	0.154	0.160	0.154
	(0.382)	(0.372)	(0.333)	(0.417)	(1.028)	(1.156)	(1.151)	(1.195)	(1.517)	(1.415)	(1.389)	(1.415)
LEV_t	1.557*	1.702	1.695*	1.698	0.331	0.394*	0.336*	0.356*	0.299**	0.295**	0.339***	0.351**
	(1.691)	(1.132)	(1.921)	(1.163)	(1.644)	(1.728)	(1.678)	(1.764)	(2.135)	(2.021)	(2.763)	(2.339)
MB_t	0.149	0.141	0.166	0.133	0.032	0.031	0.032	0.030	0.035	0.035	0.035	0.034
	(1.022)	(0.513)	(0.993)	(0.477)	(0.815)	(0.768)	(0.893)	(0.662)	(1.346)	(1.160)	(1.156)	(1.311)
$LNSIZE_t$	−0.046	−0.110	−0.086	−0.124	−0.065*	−0.067*	−0.068**	−0.078**	−0.045*	−0.042*	−0.043*	−0.050**
	(−0.214)	(−0.334)	(−0.322)	(−0.390)	(−1.795)	(−1.859)	(−2.135)	(−2.297)	(−1.953)	(−1.914)	(−1.950)	(−1.984)
ROE_t	1.956	2.006	1.763	1.840	0.095	0.116	0.097	0.070	−0.026	−0.011	−0.021	−0.034
	(1.467)	(1.102)	(1.481)	(1.017)	(0.464)	(0.468)	(0.433)	(0.358)	(−0.002)	(−0.020)	(−0.056)	(−0.006)
IND	控制	控制	控制	控制	控制	控制	控制	控制	控制	控制	控制	控制
N	308	308	308	308	334	334	334	334	334	334	334	334
$Pseudo\ R^2$ 或 R^2	0.124	0.116	0.131	0.118	0.082	0.081	0.090	0.079	0.080	0.080	0.084	0.080

第四节 本章小结

本章利用南京大学和证监会联合发放的中国 A 股上市公司投资者关系管理综合调查获取的特别数据，实证检验了 IRM 影响未来期股价崩盘风险的效应及其机理，研究发现：（1）IRM 的信息职能和组织职能与未来期股价的崩盘风险呈显著负向关系，而沟通职能与未来期股价的崩盘风险之间不存在显著关系。表明在中国资本市场，IRM 的信息职能和组织职能具有稳定市场效应，起到了抑制股价崩盘风险进而稳定市场的效应；（2）IRM 的信息职能通过约束股价崩盘风险形成的内因（管理层机会主义的信息披露操纵倾向）和外因（信息的不透明度），实现了对未来期股价崩盘风险的制约。而 IRM 的组织职能通过约束股价崩盘风险形成的内因（管理层机会主义的信息披露操纵倾向）而实现了对未来期股价崩盘风险的制约；（3）在稳定市场方面，内部控制制度对投资者关系管理的组织职能具有互补作用。企业内部控制质量越高，则投资者关系管理的组织职能与未来期股价崩盘风险之间的负向关系越强烈和显著。本章结论总体证实，在中国资本市场上，IRM 具有稳定市场，抑制股价崩盘风险的作用效应。这也意味着，在中国资本市场上，投资者关系管理可以起到"稳定市场"和"减震"作用。

本章研究的政策启示包括四个方面：

首先，从本章总体结论来看，在中国资本市场上，IRM 具有稳定市场，抑制股价崩盘风险的战略作用。遗憾的是，这一战略性作用一直以来并没有得到财务学者以及企业高管层的足够重视。因此，我们认为上市公司与投资界的互动关系应该被作为上市公司管理的一项重要课题提出。提升上市公司 IRM 的实践水平和战略沟通能力，不仅有助于上市公司提升公司价值，还有助于稳定市场，抑制股价崩盘，这无论对微观上市公司管理，还是宏观金融安全稳定都具有重要意义。

其次，从本章细分结论来看，IRM 的沟通职能还没有发挥稳定市场的效应和作用，这对上市公司明确未来 IRM 的重点和方向具有启示意义。当前 IRM 虽然在我国取得了长足进步和发展，但是上市公司与投资者的战略性互动和沟通还有待深化，特别是对投资者结构的精细化管理还不够深入，细分投资者结构并根据不同类型投资者的需求偏好设定沟通工作的重点和手段应该成为未来期 IRM 的重要内容。近年来，中国资本市场的投资者结构发生了重大改变，市场结构已由机构主导转变成散户主导，在这种情况下上市公司战略互动和沟通选择上忽略中小股东的需求偏好无疑给 IRM 的职能发挥带来很大影响。因此，未来期针对上市公司而言，利用大数据等方法建立投资者结构数据库，对投资者结构构成、需求偏好、持股动态、信息反馈等进行统计分析，总结各种类型投资者的信息和心理需求规律，及时掌握投资者动态并进行精细化管理和沟通，形成上市公司与投资者之间紧密的信任关系应该成为工作重点。

再次，从本章细分结论来看，IRM 的组织职能在稳定市场中具有重要作用。这对中国上市公司 IRM 的实践活动也具有启示意义。中国资本市场波动大，特别是近年来中国资本市场的暴涨暴跌现象严重打击了投资者的信心，在新的经济形势下重建中国资本市场的诚信度，重建投资者的信心是需要包括上市公司、监管层、中介机构在内的多方努力才能实现的。但是针对上市公司而言，在重视 IRM 的信息职能和沟通职能的基础上，通过建立正式和健全的组织和管理制度去实现 IRM 的制度保障无疑具有现实迫切性。因此对于监管层来说，出台相应的政策引导更多上市公司建立 IRM 的组织制度，而上市公司通过引导政策，从企业内部顶层设计上建立符合自身运营特性的 IRM 制度应成为未来另一个工作方向。

最后，从本章细分结论来看，在稳定市场方面，内部控制制度和 IRM 的组织制度具有互补作用，这对 IRM 的理论和实践应用都有启示意义。从理论上看，IRM 一般被定位为自主性治理机制（马连福等，2007）和战略管理行为（全美投资者关系协会，NIRI），内部控制作为公司治理的制度性体系和自律系统能够将公司治理和战略管理落到实处，我国企业内控规范中更是明确了通过内控促进战略实现的目标。因此，内部控制自然能够更加直接地正向作用于 IRM，包括完善投资者关系的机构设置和规范管理制度与流程。从实践方面看，内部控制制度和 IRM 的制度建设不应该是割裂和分离的，两种制度的合力效应对稳定市场，提高上市公司治理水平，完善与广大投资者之间的战略性信息与沟通职能具有重要作用。因此，建议监管层在颁布相应制度时应考量内部控制制度和 IRM 制度的连接性，上市公司在从事制度建设时应对内部控制和 IRM 制度进行组合考量，设置相互匹配的决策程序和组织流程，最大程度发挥两种制度在稳定市场中的合力效应。

第六章

投资者关系管理与股东财富保护

从投资者关系管理开始引入财务学研究领域起,财务学者对投资者关系管理与股东价值之间的关系就存在很大争论。有些文献持肯定意见,认为良好的投资者关系管理活动具有战略价值。这些文献研究发现投资者关系管理活动通过降低信息不对称程度和规范公司治理体系,能够提高公司的透明性和可信度,增强投资者对公司前景的信心,吸引机构投资者和分析师的跟进,有效避免股价波动率过大,同时增强股票的流动性,降低资本成本,最终提升公司价值(Diamond 和 Verrecchia,1991;Hong 和 Huang,2005;Bushee 和 Miller,2012)。而有些文献持否定意见,认为投资者关系管理活动仅仅是对公司已有信息的重新复杂化包装而已,这种包装的目的仅仅是为了提高公司正常经营情况下的产品营销,而对构建企业声誉及投资者信心并没有显著价值。因此投资者关系管理对于公司而言,仅能起到短期营销的目的,并不能产生显著的战略作用,投资者关系管理活动仅是一个"面子工程"(Farragher 等,1994;Peasnell 等,2011)。那么,在实践中投资者关系管理活动到底具有"面子"特征还是"里子"特征?这些特征对应的表现、影响因素以及形成机理如何?对这些问题的研究显得非常迫切,需要寻找一个好的实验场所和情景进行谨慎测试。

从实验场所来看,中国转制经济的资本市场为投资者关系管理价值效应检验提供了良好的检验环境。

从实验情景来看,以往文献对投资者关系管理的价值效应检验几乎都是从正面事件中考察和分析投资者关系管理对企业绩效、股票收益、资本成本的影响效应。但正面事件下的情景测试存在一个关键问题:虽能考察投资者关系管理对公司绩效的直接效应和间接效应,但仅能分析投资者关系管理对创造股东价值的作用,而无法分析投资者关系管理对保护股东价值和财富的作用。而负面事件的情景测验无疑能够有效补充和完善这一短板。鉴于此,本章聚焦考察当企业陷入负面事件时,企业以往构建的高质量投资者关系管理活动是否能够形成类"保险效应",即对负面事件效应下股东财富的下降产生显著的保护和抑制作用。并预期根据"保险效应"的检验结果,回答在实践中高质量的投资者关系管理是具有"里子"特征,即日常经营中构建的高质量投资者关系在负面事件发生时能够产生保护股东财富的战略价值;还是具有"面子"特征,即日常经营中构建的高质量投资者关系仅是"面子工程",在负面事件发生时并不能产生保护股东财富的价值效应?

第一节 理论分析与研究假设

一、投资者关系管理对股东财富的保险效应机理

所谓投资者关系管理对股东财富的保险效应，指由于企业前期良好的投资者关系管理活动，赢得投资者和市场中介的信赖，从而树立了良好的企业声誉。当企业发生负面事件时，这种良好的企业声誉能够缓冲负面事件对企业生产经营带来的不利影响，从而减小了股东财富的损失。因此，企业前期高质量的投资者关系管理可以为企业形成类似"保险效应"的机制，这种机制并不会直接导致股东财富提升，而是当企业发生负面事件时能减少企业可能遭受的经济损失，起到保护股东财富的作用。那么投资者关系管理是如何保护股东财富的呢？即在负面事件发生时投资者关系管理的保险效应是如何形成的？对应的机理和传导途径是什么？我们从声誉资本的传导机理方面进行分析和讨论。

1. 企业声誉理论

Fombrun（1996）认为企业声誉是一个企业凭借其过去的表现以及未来的预期表现给投资者带来的吸引力，这一观点在长期内占据着主导地位。企业声誉理论萌芽于 20 世纪 60 年代初，Fama（1980）提出基于经理人市场的"声誉效应"概念奠定了声誉理论的基础。学者关于声誉理论从宏观视角和微观视角均展开了研究，基于微观视角的研究主要集中在声誉信息理论、声誉交易理论和声誉的第三方治理机制三方面。声誉信息理论关注声誉的传送机制，认为声誉的形成是一种信号传递活动，声誉系统是一种信号发送机制，它集中和报告有关过去交易的信息，并将现阶段的机会主义行为与下阶段更低的声誉水平联系起来（Shapiro，1983；Kennes 和 Schiff，2007）；声誉交易理论认为声誉是企业重要的无形资产（Kreps，1990；Tadelis，1999）；声誉的第三方治理机制研究主张将第三方治理机制作为声誉自我实施机制的加强与补偿，使声誉的形成更为有效（Milgrom 等，1990；Grief 等，1994）。

2. 投资者关系管理与声誉资本

投资者关系的有效管理真能产生企业声誉资本吗？相应文献是有发现并提供验证的。投资者关系管理本质上是一种战略性沟通活动（李心丹等，2007），而沟通的目的是通过畅通的信息渠道降低投资者的风险，维持公司与投资者之间的良好关系并通过有效管理创造关系价值。Chandler（2014）从动机分析入手，基于对大量 CEO 的面访调查，发现 CEO 认为 IRM 最重要的职能就是获取投资者的信任，因此 CEO 存在通过 IRM 管理活动提升品牌形象和企业声誉的强烈动机。Gregory（1997）从后果检验入手，发现 IRM 的互动关系从战略角度可以实现公司形象的营销和品牌的构建，在投资者群体中会创造一个正面的声誉，从而能很好地降低股东认为公司危险的程度。Higgins 和 Bannister（1992）研究了与投资界进行坦率、明确、及时的战略沟通的风险与回报，在比较分析公开沟通行为的利弊之后，认为坦诚的沟通行为可以避免"战略阻碍"。Bushee 和 Miller（2012）通过对经验丰富的公关公司从业人员的问卷调查发现，成功的投资者关系策略实施的重点不在于增强信息披露，而是在于和企业高管层构建畅通的直接接触渠道以吸引市场中的机构投资者和证券分析师。由此可见，IRM 是一种战略性工具。一方面，企业通过对机构投资者和证券分析师等市场参与者的调研或者面访，提供自愿性的战略性信息和运营信息给市场，提高了投资者的知情权，减少了公司内外的信息不对称性，提升了投资者的满意度和忠诚度，最终提高了公司的可信性；另一方面，投资者关系管理活动的有效开展，也向外释放了公司重视长期品牌构建的正面信号，因此强化了投资者对公司声誉的正面评价，形成了公司的声誉资本。

3. 声誉资本和保险效应

当企业陷入负面事件时，声誉资本又是如何形成保险效应的呢？我们认为声誉资本发挥保险效应的机理如下：

首先，声誉资本在负面事件中存在"归因效应"。当企业负面事件发生时，监管层和交易所将采取相应措施谴责和处罚这些违规企业。但机构投资者、市场中介等市场参与者对企业价值的评价是依据这些市场参与者对企业违规行为的归因评价的，评价企业应多大程度上为公司丑闻负责任（Vanhamme 和 Grobben，2009）。如果市场参与者认为公司丑闻是企业精心策划的、有意识的，市场参与者会严厉惩罚企业，严重的甚至"用脚投票"；如果市场参与者认为企业负面行为不是企业的本意，是偶然的，市场参与者对企业的惩罚则会减缓（Godfray，2005）。因此，如何影响市场参与者对企业违规动因的评价，对减少违规公司的损失至关重要。当企业发生违规行为时，声誉资本是市场参与者评估企业动机时考虑的重要因素，企业拥有的声誉资本使市场参与者倾向于认为公司丑闻是管理不善导致的，而不是管理者的恶意行为（Vanhamme 和 Grobben，2009）。企业前期构建的良好投资者关系对市场参与者会形成"形象锁定"和"关系黏性"。因此企业前期投资者关系管理的质量越高，市场参与者对其违规动机的主观恶意归因的倾向就越低，客观无意归因的倾向就越高（Dolphin，2004；权小锋等，2015）。

其次，声誉资本在负面事件中存在"光环效应"。从光环效应的角度也可以解释投资者关系管理具有的声誉保险效应，企业前期高质量的投资者关系管理活动拥有光环效应。负面事件发生时，投资者关系有效管理产生的光环效应将保护企业的正面形象，使市场参与者对企业的信任得以保持，企业声誉得以维护（Vanhamme 和 Grobben，2009）。

在"归因效应"和"光环效应"的联合影响下，负面事件发生时声誉资本能够减缓投资界对企业的制裁和惩罚，减少企业关系资产的损失，减少股东财富损失。

综合而言，投资者关系管理形成保险效应的机理如图 6-1 所示：企业前期高质量的投资者关系管理活动一旦被市场参与者所认可，这种认可就会提高企业声誉，形成企业良好的声誉资本，当负面事件发生时这种声誉资本会通过"归因效应"和"光环效应"形成市场参与者对企业的稳定信任，市场参与者会认为这种负面事件的发生是企业的不得已而为之，从而相比前期未获得这种声誉资本的企业，市场参与者不会对企业进行严重的制裁，从而减少了股东财富的损失。黄亮华（2005）进一步分析认为企业声誉资本一旦形成就是相对稳定的，并且会反作用于行为主体。因此负面事件下声誉资本对股东财富的保护进入一个良性循环。

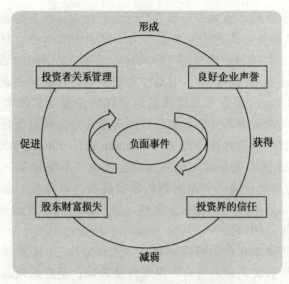

图 6-1 投资者关系管理的保险效应

■二、假设的提出

由以上投资者关系管理对股东财富的保险效应机理可见,在负面事件中投资者关系管理是通过企业声誉资本的中介效应实现对股东财富的保护的,在这一过程中,企业前期高质量的投资者关系管理是否能够产生真实的企业声誉资本非常关键。

对投资者关系管理与企业声誉之间的关系其实是有研究争论的。一些学者认为,投资者关系管理能够正面影响企业声誉,形成声誉资本。他们认为企业前期的投资者关系管理活动是具有长期战略价值的,投资者关系的有效管理和沟通是改善和提升公司资本市场声誉的有效策略,因此,有效的投资者关系管理活动是具有"里子"特征的。如 Deephouse (1997) 指出投资者关系管理可以提高公司的财务声誉,财务声誉是财务评价机构对公司财务前景所做的总体评价。财务声誉对利益相关者来说越来越重要。一个具有较高财务声誉的公司,往往有着良好的长期财务业绩前景,且管理者能够战略性地运用公司的声誉 (Fombrun, 1996)。Higgins 和 Bannister (1992) 从沟通的视角出发,验证了良好的 IRM 可以给企业声誉带来的巨大贡献。Gruner (2002) 指出由于 IRM 的作用是为金融部门和公共投资者提供评价公司的信息,连续给股东提供有关公司的经营活动信息将减少投资者对公司股票价格反应的惊奇,特别是对负面新闻的反应(Lev,1992)。Jong 等(2007)基于对荷兰皇家阿霍得公司的成功和失败进行对比的案例研究,发现 IRM 与公司声誉息息相关。投资者关系管理对说服投资者和分析师响应公司战略至关重要,荷兰皇家阿霍得公司崩盘的重要原因就是没有处理好投资者关系管理与公司战略的正确关系,IRM 的失误导致了投资者丧失信心,加之公司治理不力最终使公司股票崩溃。从这个反面案例可以得出认识,IRM 能够在沟通基础上产生信任机制,形成合作关系,并维持和提高上市公司与投资者之间的合作关系和效率,降低交易成本和代理成本,优化资源配置,构建企业竞争优势。Agarwal 等(2012)、Kirk 和 Vicent(2014)研究发现企业开展有效的投资者关系管理活动可以产生两方面的显著作用:一方面能够提高市场估值模型的可靠性;另一方面能够显著提升企业的声誉资本。

然而,还有一些学者认为企业前期投资者关系管理活动对企业声誉并不会产生显著影响。他们认为投资者关系管理仅在正常事件中产生短期的营销作用,在长期发展特别是企业面临负面危机事件时并不会产生显著作用,是一个"面子工程"。如 Farragher 等(1994)的研究发现投资者关系管理活动仅仅是对公司已有信息的重新复杂化包装而已,这种包装的目的仅仅是为了提高公司正常经营情况下的产品营销,而对构建企业声誉及获取投资者信任并没有显著作用。Peasnell 等(2011)特别研究了 2001 年 10 月—2012 年 9 月期间,美国资本市场整体充斥着财务丑闻的宏观环境下,企业前期构建的投资者关系管理质量是否能对市场中财务丑闻整体氛围引起的股价下降产生显著抑制作用问题。研究发现当安然或其他财务丑闻事件相继发生时,投资者关系管理活动并不能显著降低股东价值的损失。他们认为当市场整体表现出对管理层诚信和财务报告可靠性怀疑以及投资者信心系统整体缺失的时候,企业前期的投资者关系管理并不能产生显著的声誉资本,不能对股东价值下降产生显著抑制作用。

由此可见,在负面事件中,企业前期高质量的投资者关系管理是否能够对企业声誉产生显著作用,当前研究的结论是不统一的。有些研究认为企业前期高质量的投资者关系管理是具有长期战略价值的,有效的投资者关系管理能够正面促进企业声誉资本的形成,因此在负面事件中能够有效保护股东价值,投资者关系管理具有"里子"特征;而有些研究发现企业前期高质量的投资者关系管理是不具有长期战略价值的，有效的投资者关系管理并不会正面促进企业声誉资本的形成，投资者关系管理仅在正常事件中起到短期营销的价值，在负面事件发生时很难发挥保护股东价值的作用，是一种"面子工程"，因此，投资者关系管理活动具有"面子"特征。基于此，本章提出两个竞争性假设：

H6-1-A：在中国资本市场，如投资者关系管理具有"里子"特征，则企业前期的投资者关系管理质量会显著提高负面事件中股票的累计超额收益。

H6-1-B：在中国资本市场，如投资者关系管理具有"面子"特征，则企业前期的投资者关系管理质量对负面事件中股票的累计超额收益并不会产生显著的影响。

第二节 实证设计

一、样本选择与数据来源

本章以南京大学联合证监会 2004—2007、2009 年开展的中国上市公司投资者关系管理抽样调查的上市公司为初始研究样本，并和下一年发生负面事件的上市公司样本进行匹配。负面事件选取被上交所、深交所公开谴责的事件，以因违规而被交易所公开谴责的上市公司为匹配样本，探讨企业前期投资者关系管理质量是否能够影响负面事件下股票的市场反应。被交易所公开谴责事件的企业罚款额为零，与行政处罚、取消证券业务许可并责令关闭等其他违规处理类型相比，被公开谴责的惩罚程度较轻。研究样本特别经过以下剔除程序：（1）剔除在被公开谴责窗口期有财务年报、季报等影响公司股价的重大事件发生的样本；（2）为估算市场模型参数，剔除违规事件前不足 280 天交易日的样本；（3）如果一家企业样本期间多次被证券机构公开谴责，只选取该样本企业年度内第一次被公开谴责的事件样本；（4）剔除谴责公告日期不明确的样本；（5）剔除财务和公司治理数据缺失的样本。最终得到 107 个有效样本。

违规事件数据来源于 CSMAR 公司违规数据库,并经过深交所和上交所网站进行交叉核对。投资者关系管理数据由南京大学课题组联合证监会多年来抽样发送的问卷调查、实验测试、网站调查、年报评价等综合调查数据整理而来。2008 年由于特殊原因针对 A 股上市公司投资者关系管理的调查问卷并没有发放,出于数据的可获得性,本章选定了样本区间。媒体报道数据是从《CNKI 中国重要报纸全书数据库》依据公司代码和公司简称手工整理而来,行业划分数据来源于 RESSET 数据库,公司财务变量数据、分析师跟踪数据、机构投资者持股数据、公司治理变量及其他变量数据来源于 CSMAR 数据库。为了控制极端值对研究结论的影响,对相关变量在 1% 和 99% 分位数处做了 Winsorize 处理。

二、变量测度

1. 负面事件的市场反应

本章以事件研究法来研究我国上市公司因违规而被交易所公开谴责公告的股票市场反应。并通过检验企业前期的投资者关系管理质量与负面事件冲击时股票市场反应之间的关系来分析投资者关系管理的保险效应。其中市场效应计算累计超额收益 CAR 的过程如下:

首先,借鉴 Chen 等 (2005)、许年行等 (2013) 的方法,以谴责公告日前 280 个交易日至前 31 个交易日即 (-280,-31),合计 250 个交易日作为估算期,估计得到市场模型的参数 $\hat{\alpha}$ 和 $\hat{\beta}$,则:

$$R_{i,t} = \hat{\alpha} + \hat{\beta} R_{m,t} + \varepsilon_{i,t}$$

其中,$R_{i,t}$ 为个股 i 在 t 日的收益率,$R_{m,t}$ 是市场收益率。

其次,计算事件窗口期内个股的收益率 $R_{i,t}$ 与市场收益率 $R_{m,t}$,估算个股的超常收益率 $AR_{i,t}$:

$$AR_{i,t} = R_{i,t} - (\hat{\alpha} + \hat{\beta} R_{m,t})$$

再次,计算事件窗口期每期的平均超常收益 AR_t:

$$AR_t = \frac{\sum_{i=1}^{n} AR_{i,t}}{N}$$

其中,N 为样本数。

最后,计算累计 k 到 t 期的平均累计超常收益 $CAR(k,t)$:

$$CAR(k,t) = \sum_{r=k}^{t} AR_t$$

谴责公告的市场效应我们取 $CAR(-1,1)$ 和 $CAR(-3,3)$ 两个窗口计算期，稳健性检验中取 $CAR(0,1)$ 和 $CAR(0,3)$ 两个计算窗口期，CAR 值取百分位数。

2. 投资者关系管理

投资者关系管理的绩效指标体系见表 3-1。

3. 控制变量

对企业违规市场效应的影响因素研究，以往文献重点从公司财务因素和公司治理因素两个层次进行考量，因此本章控制变量在参考 Peasnell 等（2011）、许年行等（2013）的文献的基础上，选用以下变量：① 公司财务变量。$LNSIZE$ 表示公司规模，用总资产的自然对数测度；ROA 表示总资产收益率，用净利润与期末总资产余额的比率测度；$LOSS$ 表示公司亏损状态，用年末净利润是否亏损测度，亏损时取 1，否则为 0；LEV 表示公司财务杠杆，用公司总资产负债率测度。② 公司治理变量。$DUAL$ 表示两职合一状况，当公司董事长和总经理为同一人时取 1，否则为 0；$TOP1$ 表示第一大股东持股比例，用第一大股东持股占公司总股数的比例测度；LAW_INDEX 表示地区法律环境，借鉴许年行等（2013）的文献，地区法律环境会通过影响公司内部治理而影响企业违规的市场效应，因此加以控制。法律指数用樊纲等（2011）编制的"市场中介组织发展和法律环境保护指数"测度。具体变量定义和测度见表 6-1。

表 6-1 变量定义表

变量名称	变量标识	定义及计算公式
累计超额收益	$CAR(-1,1)$	应用事件研究法计算的交易所谴责公告前后 1 天的累计超额收益
	$CAR(-3,3)$	应用事件研究法计算的交易所谴责公告前后 3 天的累计超额收益
投资者关系管理的沟通质量	IRM_C	见表 3-1 的 B1 指标测度方法
投资者关系管理的信息质量	IRM_I	见表 3-1 的 B2 指标测度方法
投资者关系管理的组织质量	IRM_O	见表 3-1 的 B3 指标测度方法
投资者关系管理的综合质量	IRM	$IRM=\alpha_1 IRM\_C+\alpha_2 IRM\_I+\alpha_3 IRM\_O$，权重 α 是利用 AHP 方法的对数最小二乘法得到
公司规模	$LNSIZE$	公司报告期期末总资产的自然对数

续表

变量名称	变量标识	定义及计算公式
资产收益率	ROA	报告期公司总资产收益率
公司亏损状态	LOSS	报告期公司净利润为负数则取值为1，否则为0
资产负债率	LEV	报告期公司负债总额占总资产的比例
两职合一	DUAL	如报告期公司董事长和总经理为同一人则为1，否则为0
第一大股东持股比例	TOP1	报告期公司第一大股东持股比例
地区法律环境	LAW_INDEX	公司所处地区的法律环境指数，用樊纲等（2011）编制的"市场中介组织发展和法律环境指数"测度
行业虚拟变量	IND	控制行业效应
年份虚拟变量	YEAR	控制年份效应

三、回归模型设定

$$CAR_{t+1} = \beta_0 + \beta_1 IBM_t + \beta_2 LNSIZE_t + \beta_3 ROA_t + \beta_4 LOSS_t + \beta_5 LEV_t + \beta_6 DUAL_t + \beta_7 TOP1_t + \beta_8 LAW_t + \beta_k YEAR + \varepsilon_t$$

其中，CAR 分别用 CAR（-1,1）和 CAR（-3,3）测度。IRM 表示投资者关系管理的综合质量。模型中其他变量的定义及其测度见表 6-1。

第三节 实证结果分析与讨论

一、分组检验

表 6-2 列示了高质量投资者关系管理公司和低质量投资者关系管理公司之间的累计超常收益 CAR 的分组比较结果。其中投资者关系管理质量

分组是依据行业一年度的中位数进行分组得来。首先,从全样本来看,企业违规受到交易所公开谴责公告四个窗口期的 CAR(-1,1)、CAR(-3,3)、CAR(0,1)、CAR(0,3)分别为-0.88%、-1.17%、-0.51%、-1.29%,且均在5%以上水平上统计显著。表明公司因违规被公开谴责被市场视为公司丑闻和负面事件,因此谴责公告引起的市场效应显著为负,在谴责公告下股东的财富遭受了损失,累计超额回报率结果符合市场预期。而根据分组对比分析结果可见,前期投资者关系管理质量确实对负面事件的市场反应产生了显著影响,高质量IRM公司在不同窗口内的市场反应显著高于低质量IRM公司。在CAR(-1,1)、CAR(-3,3)、CAR(0,1)、CAR(0,3)窗口期的高质量IRM公司的市场反应与低质量IRM公司的市场反应的差值分别为1.53%、0.31%、0.87%、1.04%,且在5%以上水平统计显著。表明当企业遭受交易所公开谴责时,相比前期低质量IRM公司,高质量IRM公司的股票市场反应程度更低。企业前期高质量的投资者关系管理活动确实对企业遭受负面事件引起的股价下降起到了很好的减缓和抑制作用,高质量的IRM活动在负面事件下起到了声誉保险效应,保护了股东财富。研究结论初步证实了假设H6-1-A的成立。

表6-2 高质量IRM和低质量IRM公司的累计超额收益率比较

全样本	High IRM	Low IRM	High-low
CAR(-1, 1)			
-0.88%**	0.25%	-1.28%***	1.53%***
(-2.291)	(1.255)	(-2.756)	(2.773)
CAR(-3, 3)			
-1.17%***	-1.01%***	-1.32%***	0.31%***
(-3.074)	(-2.789)	(2.747)	(3.139)
CAR(0, 1)			
-0.51%***	-0.02%**	-0.89%***	0.87%**
(-2.988)	(-2.331)	(-2.752)	(2.070)
CAR(0, 3)			
-1.29%**	-0.69%***	-1.73%**	1.04%***
(-2.488)	(3.120)	(2.167)	(3.229)

二、投资者关系管理的保险效应检验

表 6-3 是负面事件下的股票累计超额收益率 CAR 对企业前期投资者关系管理质量的多元回归结果。由结果可见,在栏目 1 中当因变量是 CAR（－1,1）时,企业前期投资者关系管理质量 IRM 的回归系数为 0.074,在 5% 水平上统计显著。在栏目 2 中当因变量是 CAR（－3,3）时,企业前期投资者关系管理质量 IRM 的回归系数为 0.030,在 10% 水平上统计显著。多元回归结果证实企业前期构建的投资者关系管理质量 IRM 与负面事件下企业股票的累计超额收益率 CAR 呈显著正向关系。表明企业前期构建的高质量 IRM 活动确实能起到保险作用,在企业遭受负面事件时能起到抑制股东财富损失、保护股东价值的作用。因此在中国资本市场,投资者关系管理活动具有"里子"特征,假设 H6-1-A 是成立的。

表6-3 投资者关系管理对累计超额收益率CAR的影响

变量名称	符号	CAR（－1,1）栏目1	CAR（－3,3）栏目2
常数项	CON	19.828 (0.837)	54.592 (1.640)
投资者关系管理质量	IRM0	0.074** (2.108)	0.030* (1.785)
公司规模	LNSIZE	－1.356 (－1.131)	－2.714* (－1.703)
总资产收益率	ROA	0.075 (0.008)	－2.666 (－0.130)
公司亏损状态	LOSS	－4.440** (－2.279)	－7.438* (－1.815)
财务杠杆	LEV	3.980 (0.835)	4.280 (0.507)
两职合一	DUAL	0.540 (0.276)	－0.464 (－0.132)
第一大股东持股比例	TOP1	0.039 (0.848)	0.059 (0.736)
地区法律环境	LAW_INDEX	－0.119 (－0.615)	－0.274 (－0.840)
行业	IND	控制	控制

续表

变量		CAR（-1, 1）	CAR（-3, 3）
名称	符号	栏目1	栏目2
年份	YEAR	控制	控制
N		107	107
R^2		0.238	0.219

三、投资者关系管理保险效应的影响因素考察：公司特性和事件特性分析

前述研究证实企业前期的投资者关系管理质量确实具有保险效应，那么下一个拓展思考的问题是：这种保险效应是否会受到公司特性和事件特性因素的影响？

对于公司特性因素，我们聚焦两个因素：（1）公司规模；（2）公司产权属性。从公司规模来看，以往文献针对正面事件下投资者关系管理质量对股东价值的影响研究，发现公司规模会显著影响投资者关系管理在创造股东价值上的表现。如 Kirk 和 Vicent（2014）通过对美国大公司的投资者关系管理活动的研究，发现大公司具有更高的声誉考量，因此从事投资者关系管理活动具有更加真实的动机；从产权属性来看，中国资本市场国有企业和民营企业在法律待遇上存在显著差异。如陈信元等（2009）的研究表明，当公司最终控制人是地方政府时，上市公司所在地的法院会对公司提供保护，因此违规处罚公司的负向市场反应程度更小。因此相比国有企业，民营企业由于缺乏国有企业的政治待遇，是否对声誉的考量更加侧重，企业从事投资者关系活动的动机也更具有真实性？这是值得探讨的问题。

对于事件特性因素，我们聚焦两个因素：（1）事件责任归属；（2）事件查处时效。对于事件违规责任归属，本章依据违规事件的背景材料，将违规样本分为企业违规和高管违规两个种类。并预期分析当负面事件发生时，企业前期构建的投资者关系管理质量对公司和高管违规事件是否都能产生保险效应，或者在不同责任归属的事件中存在显著差异。对于事件查处时效，本章依据违规事件的背景材料，将违规样本分为即期违规和远期违规两种，即期违规表示违规行为实际发生时间在交易所谴责公告前1年

或者当年，远期违规表示违规行为实际发生时间在交易所谴责公告前2年及以前。预期分析当企业负面事件发生时，企业前期构建的投资者关系管理质量对即期违规和远期违规是否都能产生显著作用，或者在不同违规时效事件中存在显著差异。

1. 公司特性考察

为检验公司特性因素对投资者关系管理的保险效应的影响，特设定如下回归模型：

$$CAR_{t+1} = \beta_0 + \beta_1 IRM_t + \beta_2 IRM_t \times BIG_t + \beta_3 BIG_t + \beta_4 ROA_t + \beta_5 LOSS_t + \beta_6 LEV_t + \beta_7 DUAL_t + \beta_8 TOP1_t + \beta_9 LAW\_INDEX_t + \beta_j IND + \beta_k YEAR + \varepsilon_t$$

$$CAR_{t+1} = \beta_0 + \beta_1 IRM_t + \beta_2 IRM_t \times SOE_t + \beta_3 SOE_t + \beta_4 LNSIZE_t + \beta_5 ROA_t + \beta_6 LOSS_t + \beta_7 LEV_t + \beta_8 DUAL_t + \beta_9 TOP1_t + \beta_{10} LAW\_INDEX_t + \beta_j IND + \beta_k YEAR + \varepsilon_t$$

其中 BIG 表示大公司的虚拟变量。具体测度是当公司规模大于行业一年度中位数时，则为大公司，取1；否则为小公司，取0。SOE 表示国有企业的虚拟变量。具体测度是当公司产权属性属于国有企业时，则取1；当公司产权属性属于民营企业时，则取0。模型中其他变量的定义及其测度见表6-1。

表6-4列示了公司特性考察下，投资者关系管理的声誉保险效应检验结果。其中栏目1和栏目2是针对公司规模因素的考察，栏目3和栏目4是针对公司产权属性因素的考察。从栏目1和栏目2结果可见，在回归模型考虑公司规模因素的交互影响以后，发现投资者关系管理质量的回归系数不再显著，但投资者关系管理和大公司虚拟变量的交乘项 IRM×BIG 的回归系数都显著为正。其中当因变量为 CAR（−1，1）时，回归系数为0.156且在10%水平上统计显著，当因变量为 CAR（−3，3）时，回归系数为0.317且在10%水平上统计显著。表明投资者关系管理的声誉保险效应仅在大公司存在，而在小公司并没有得到显著体现。从栏目3和栏目4结果可见，在回归模型考虑公司产权属性因素的交互影响以后，发现投资者关系管理质量的回归系数依然显著为正，而投资者关系管理和国有企业虚拟变量的交乘项 IRM×SOE 的回归系数都不显著。表明产权属性并不会显著影响投资者关系管理的声誉保险效应。投资者关系管理活动保护股东财富的作用在国有企业和民营企业中并不存在显著差异。

表6-4 投资者关系管理对累计超额收益率CAR的影响：公司特性考察

变量名称	符号	CAR(-1, 1) 栏目1	CAR(-3, 3) 栏目2	CAR(-1, 1) 栏目3	CAR(-3, 3) 栏目4
常数项	CON	-1.251 (-0.162)	10.242 (0.650)	18.208 (0.759)	48.706 (1.456)
投资者关系管理质量	IRM	-0.015 (-0.179)	-0.185 (-0.991)	0.079** (2.207)	0.049* (1.811)
投资者关系管理质量×大公司虚拟变量	IRM×BIG	0.156* (1.948)	0.317* (1.698)		
投资者关系管理质量×国有企业虚拟变量	IRM×SOE			-0.022 (-0.250)	-0.012 (-0.066)
大公司虚拟变量	BIG	-9.216** (-2.082)	-21.036** (-2.565)		
国有企业虚拟变量	SOE			0.257 (0.161)	-0.207 (-0.154)
公司规模	LNSIZE	-0.426 (-1.046)	-0.332 (-1.415)		
总资产收益率	ROA	-4.276 (-0.519)	-9.825 (-0.472)	0.347 (0.037)	0.657 (0.031)
公司亏损状态	LOSS	-5.764*** (-3.090)	-10.206** (-2.527)	-4.397** (-2.253)	-6.868 (-1.635)
财务杠杆	LEV	1.684 (0.350)	1.644 (0.217)	3.717 (0.738)	3.793 (0.437)
两职合一	DUAL	0.735 (0.400)	0.040 (0.012)	0.533 (0.273)	-0.559 (-0.162)
第一大股东持股比例	TOP	10.015 (0.328)	0.015 (0.186)	0.042 (0.881)	0.073 (0.865)
地区法律环境	LAW_INDEX	-0.113 (-0.605)	-0.296 (-0.936)	-0.125 (-0.612)	-0.335 (-1.001)
行业	IND	控制	控制	控制	控制
年份	YEAR	控制	控制	控制	控制
N		107	107	107	107
R^2		0.253	0.266	0.239	0.225

2. 事件特性考察

为检验事件特性因素对投资者关系管理的保险效应的影响，特设定如下回归模型：

$$CAR_{t+1} = \beta_0 + \beta_1 IRM_t + \beta_2 IRM_t * FIRM\_VIO_t + \beta_3 FIRM\_VIO_t + \beta_4 LNSIZE_t + \beta_5 ROA_t + \beta_6 LOSS_t + \beta_7 LEV_t + \beta_8 KUAL_t + \beta_9 TOP1_t + \beta_{10} LAW\_INDEX_t + \beta_j IND + \beta_k YEAR + \varepsilon_t$$

$$CAR_{t+1} = \beta_0 + \beta_1 IRM_t + \beta_2 IRM_t * TIME\_VIO_t + \beta_3 TIME\_VIO_t +$$

$$\beta_4 LNSIZE_t + \beta_5 ROA_t + \beta_6 LOSS_t + \beta_7 LEV_t + \beta_8 DUAL_t +$$
$$\beta_9 TOP1_t + \beta_{10} LAW\_INDEX_t + \beta_j IND + \beta_k YEAR + \varepsilon_t$$

其中 $FIRM\_VIO$ 表示公司违规的虚拟变量。具体测度是当违规事件责任归属于公司时，则取 1；当违规事件责任人归属于企业高管时，则取 0。$TIME\_VIO$ 表示即期违规的虚拟变量。具体测度是当违规事件归属于即期违规时，则取 1；当违规事件归属于远期违规时，则取 0。模型中其他变量的定义及其测度见表 6-1。

表6-5 投资者关系管理对累计超额收益率CAR的影响：事件特性考察

变量 名称	符号	CAR(−1, 1) 栏目1	CAR(−3, 3) 栏目2	CAR(−1, 1) 栏目3	CAR(−3, 3) 栏目4
常数项	CON	19.261 (0.800)	48.913 (1.509)	20.000 (0.842)	49.860 (1.451)
投资者关系管理质量	IRM	0.035 (0.973)	0.019 (1.213)	0.046* (1.877)	0.024* (1.886)
投资者关系管理质量×公司违规虚拟变量	IRM× FIRM_VIO	0.079** (2.517)	0.057** (2.004)		
投资者关系管理质量×即期违规虚拟变量	IRM× TIME_VIO			0.032* (1.746)	0.031 (1.504)
公司违规虚拟变量	FIRM_VIO	2.013 (0.415)	17.858** (2.087)		
即期违规虚拟变量	TIME_VIO			0.722** (2.141)	9.593 (1.043)
公司规模	LNSIZE	−1.385 (−1.162)	−2.979* (−1.937)	−1.350 (−1.133)	−2.756* (−1.696)
总资产收益率	ROA	−0.349 (−0.038)	−5.827 (−0.295)	−0.266 (−0.030)	−1.034 (−0.051)
公司亏损状态	LOSS	−4.581** (−2.317)	−8.630** (−2.173)	−4.667** (−2.321)	−6.435 (−1.549)
财务杠杆	LEV	4.075 (0.825)	4.284 (0.475)	3.608 (0.726)	5.101 (0.568)
两职合一	DUAL	0.108 (0.051)	−2.923 (−0.792)	0.661 (0.321)	−0.563 (−0.153)
第一大股东持股比例	TOP1	0.047 (1.036)	0.118 (1.408)	0.036 (0.750)	0.085 (1.003)
地区法律环境	LAW_INDEX	−0.125 (−0.635)	−0.280 (−0.934)	−0.127 (−0.656)	−0.230 (−0.698)
行业	IND	控制	控制	控制	控制
年份	YEAR	控制	控制	控制	控制
N		107	107	107	107
R2		0.242	0.277	0.239	0.232

表 6-5 列示了事件特性因素考察下投资者关系管理的保险效应检验结果。其中栏目 1 和栏目 2 是针对事件责任归属因素的考察结果，栏目 3 和栏目 4 是针对事件查处时效因素的考察结果。从栏目 1 和栏目 2 结果可见，在回归模型考虑事件违规责任归属因素的交互影响以后，发现投资者关系管理质量的回归系数不再显著，但投资者关系管理质量和公司违规虚拟变量的交乘项 $IRM\times FIRM\_VIO$ 的回归系数都显著为正。其中当因变量为 CAR (−1, 1) 时，回归系数为 0.079 且在 5% 水平上统计显著，当因变量为 CAR (−3, 3) 时，回归系数为 0.057 且在 5% 水平上统计显著。表明投资者关系管理的声誉保险效应仅在公司违规的事件中存在，而在高管违规的事件中并不存在。从栏目 3 和栏目 4 结果可见，在回归模型考虑事件违规时效因素的交互影响以后，发现投资者关系管理质量的回归系数依然显著为正，而投资者关系管理和即期违规虚拟变量的交乘项 $IRM\times TIME\_VIO$ 的回归系数在 (−1, 1) 的 CAR 值窗口显著为正。表明企业前期构建的高质量投资者关系管理活动在即期违规和远期违规中都发挥了保险效应，但相比远期违规事件，在即期违规事件中投资者关系管理的保险效应更为强烈和显著。

四、投资者关系管理的"危机公关效应"考察

保险效应考察的是企业前期构建的投资者关系管理活动在负面事件发生时对股东财富的影响，本部分我们进一步考察负面事件发生年度投资者关系管理的质量是否对负面事件后公司的表现产生显著影响，即考察负面事件中投资者关系管理活动是否具有危机公关作用。以往文献发现在正常事件下，投资者关系管理能够显著提升公司的可视性，如 Bushee 和 Miller (2012) 通过对美国 210 家中小公司的调查研究发现，公司的 IRM 活动有专业的公关公司参与后，公司的媒体关注、机构持股、分析师跟进等方面都会显著提升和改进，公司的可视性会显著提高。Kirk 和 Vincent (2014) 进一步针对美国大公司的调查研究发现，大公司设置专业的内部投资者关系管理部门以后，公司的信息披露、分析师跟进、机构持股、流动性以及市场价值等方面都会得到显著提升。以上文献聚焦正常事件下投资者关系管理对公司可视性的影响，而忽视了负面事件下投资者关系管理活动是否具有危机公关作用的检验，因此本章对这一问题进行补充检验。

1. 分组分析

为检验负面事件中投资者关系管理是否具有危机公关作用,我们聚焦考察负面事件发生年度上市公司投资者关系的管理质量是否对负面事件后公司受到的分析师跟踪数量变化（$\Delta ANALYST$）、媒体报道数量变化（$\Delta MEDIA$）以及机构持股比例变化（ΔIO）产生显著影响。其中 $\Delta ANALYST = ANALYST_{t+1} - ANALYST_{t-1}$；$\Delta MEDIA = MEDIA_{t+1} - MEDIA_{t-1}$；$\Delta IO = IO_{t+1} - IO_{t-1}$。$t$ 表示负面事件发生年度。表 6-6 是负面事件中高质量 IRM（High IRM）和低质量 IRM（Low IRM）公司可视性变化程度的对比分析结果。从表中结果可见,在负面事件发生年度,高质量投资者关系管理的公司分析师跟踪数量显著增加 44.467,而低质量投资者关系管理的公司分析师跟踪数量显著增加 23.938,但高质量投资者关系管理公司和低质量投资者关系管理公司的分析师跟踪数量变化的差异在统计上并不显著。媒体报道数量变化结果相似。而在机构持股比例的变化方面,负面事件发生年度,高质量 IRM 的公司在负面事件后机构投资者持股比例显著增加 4.1%,而低质量投资者关系管理的公司在危机事件后机构持股比例显著减少 4.5%,两者之间差异为 8.6%,且在 1% 水平上统计显著。表明负面事件中的投资者关系管理活动确实发挥了一定的危机公关作用,吸引了机构投资者的注意,提升了机构投资者的持股比例。

表 6-6 高质量 IRM 和低质量 IRM 公司的可视性变化比较

不同类型公司	$\Delta ANALYST$		$\Delta MEDIA$		ΔIO	
	样本数	均值	样本数	均值	样本数	均值
全样本	46	37.326*** (5.037)	61	4.148** (2.094)	78	−0.003*** (−3.088)
High IRM	30	44.467*** (4.242)	31	7.710** (2.117)	38	0.041*** (3.373)
Low IRM	16	23.938*** (3.169)	30	0.467** (2.159)	40	−0.045*** (−3.468)
High IRM-Low IRM	—	20.529 (1.331)	—	7.243 (0.955)	—	0.086*** (3.598)

2. 回归分析

在分组比较分析的基础上,我们同时进行多元回归分析。回归模型设定如下:

$$\Delta ANALYST/\Delta MEDIA/\Delta IO = \beta_0 + \beta_1 IRM_t + \beta_2 LNSIZE_t + \beta_3 ROA_t +$$
$$\beta_4 LOSS_t + \beta_5 LEV_t + \beta_6 BM_t + \beta_6 DUAL_t + \beta_7 TOP1_t +$$
$$\beta_8 SOE_t + \beta_j IND + \beta_k YEAR + \varepsilon_t$$

其中 $\Delta ANALYST = ANALYST_{t+1} - ANALYST_{t-1}$;$\Delta MEDIA = MEDIA_{t+1} - MEDIA_{t-1}$;$\Delta IO = IO_{t+1} - IO_{t-1}$。$t$ 表示负面事件发生年度。控制变量选取参考宋玉(2009)、Kirk 和 Vincent(2014)的文献。

表 6-7 是负面事件发生年度投资者关系管理质量对负面事件后公司可视性改变程度的回归结果。从表中结果可见,当因变量是分析师跟踪数量改变程度 $\Delta ANALYST$ 时,回归系数为 1.208 1,统计上不显著;当因变量是媒体报道数量改变程度 $\Delta MEDIA$ 时,回归系数为 0.348 1,统计上不显著;当因变量是机构持股比例改变程度 ΔIO 时,回归系数为 0.007 4,在 5% 水平上统计显著。表明负面事件发生年度高质量的投资者关系管理和维护能够吸引机构投资者注意力,提升公司机构投资者的持股比例。负面事件下的投资者关系管理活动具有一定的危机公关效应。

表 6-7 投资者关系管理对公司可视性的影响

变量		$\Delta ANALYST$	$\Delta MEDIA$	ΔIO
名称	符号	栏目 1	栏目 2	栏目 3
常数项	CON	−5.7e+02*** (−4.027 3)	−4.2e+02 (−1.073 2)	−0.7857 (−1.253 2)
投资者关系管理质量	IRM	1.208 1 (1.515 3)	0.348 1 (0.841 1)	0.007 4** (2.414 0)
公司规模	LNSIZE	28.691 4*** (3.1672)	22.375 6 (1.137 7)	0.047 0 (1.316 7)
总资产收益率	ROA	279.103 8 (1.211 7)	−18.832 3 (−0.439 2)	−0.3257 (−1.319 8)
公司亏损状态	LOSS	−19.633 8 (−0.886 3)	−5.384 1 (−0.495 8)	0.0640 (0.963 0)
财务杠杆	LEV	−76.069 1 (−1.559 2)	−2.112 7 (−0.087 7)	−0.345 6** (−2.324 6)

续表

变量		ΔANALYST	ΔMEDIA	ΔIO
名称	符号	栏目1	栏目2	栏目3
市值账面比	BM	−70.0365 (−1.1130)	−35.9784 (−1.1809)	0.0002 (0.0009)
两职合一	DUAL	1.2769 (0.0647)	−11.8834 (−0.8417)	0.0212 (0.4086)
第一大股东持股比例	TOP1	−0.3025 (−0.3763)	0.2276 (0.4969)	−0.0003 (−0.1306)
国有企业虚拟变量	SOE	21.2184 (1.1052)	−2.6181 (−0.2555)	0.0272 (0.5621)
行业	IND	控制	控制	控制
年份	YEAR	控制	控制	控制
N		46	61	78
R^2		0.576	0.341	0.377

第四节　稳健性检验

一、内生性控制

对于本章结论的一个潜在担忧就是内生性问题。为此，我们借鉴 El Ghoul 等（2011）的方法，以行业内其他公司的 IRM 质量的均值作为工具变量，应用两阶段工具变量 IV 法进行内生性控制处理。处于同一行业内的公司，在经营环境、业务流程、产品和服务等方面具有相似性，这就使得其面临相似的投资机会、成长性和经营风险。而我国上市公司 IRM 制度正处于规范和建设过程之中，行业内 IRM 活动经常会相互学习和借鉴。这不仅获得了理论上的支持（Kirk 和 Vincent，2014），同时也获得了实践证据的支持，如润言投资咨询有限公司 2014 年 5 月发布的《中国 A 股上市公司投资者关系管理调查报告》发现我国企业 IRM 表现出一定的行业属性。因此本章选取行业内其他企业 IRM 质量的均值作为工具变量具有理论和实践支持。应用工具变量 IV 法对本章表 6-3 和表 6-7 的结果进行了重新检验，工具变量法第二阶段回归结果见表 6-8 和表 6-9。

1. 投资者关系管理的保险效应检验：内生性控制

表 6-8 列示了应用工具变量法进行内生性控制以后投资者关系管理的声誉保险效应检验结果。从结果可见，在控制内生性问题以后，负面事件的市场效应对企业前期的投资者关系管理质量的回归系数显著为正，研究结论不变。

表6-8 投资者关系管理对负面事件公告效应的影响：内生性控制

变量		CAR（-1, 1）	CAR（-3, 3）
名称	符号	栏目1	栏目2
常数项	CON	9.282 (0.525)	23.213 (0.506)
工具化的投资者关系管理质量	IRM_HAT	0.101* (1.847)	0.170* (1.690)
公司规模	LNSIZE	-1.442 (-1.145)	-5.201 (-1.556)
总资产收益率	ROA	-12.012 (-0.772)	-5.228 (-1.277)
公司亏损状态	LOSS	-5.672*** (-2.666)	-10.311** (-1.961)
财务杠杆	LEV	2.901 (0.714)	6.112 (0.577)
两职合一	DUAL	-0.562 (-0.279)	-0.882 (-0.163)
第一大股东持股比例	TOP1	-0.006 (-0.111)	0.049 (0.359)
地区法律环境	LAW_INDEX	-0.091 (-0.601)	-0.321 (-0.851)
行业	IND	控制	控制
年份	YEAR	控制	控制
N		107	107
R2		0.238	0.219

2. 负面事件后期的表现检验：内生性控制

表 6-9 列示了应用工具变量法进行内生性控制以后投资者关系管理质量对负面事件发生后公司可视性效应的影响结果。从结果可见，在控制内生性问题以后，负面事件发生年度投资者关系管理质量对分析师跟踪数量变化、媒体报道数量变化依然没有产生显著影响，但对机构投资者持股比例变化确实产生了显著正向影响。研究结论是可靠的。

表6-9 投资者关系管理对公司可视性变化程度的影响：内生性控制

变量名称	符号	$\Delta ANALYST$ 栏目1	$\Delta MEDIA$ 栏目2	ΔIO 栏目3
常数项	CON	−1.8e+02 (−0.0149)	283.2519 (0.0211)	−1.2477** (−2.0945)
工具化的投资者关系管理质量	IRM_HAT	77.7015 (0.0524)	19.3144 (0.0550)	0.0039* (1.7401)
公司规模	LNSIZE	339.1702 (0.0606)	−92.1460 (−0.0438)	0.0784 (1.5071)
总资产收益率	ROA	7.3e+03 (0.0555)	−9.8e+02 (−0.0583)	−0.3621 (−0.7690)
公司亏损状态	LOSS	742.7650 (0.0516)	−12.2538 (−0.1064)	0.0766 (1.0818)
财务杠杆	LEV	−4.0e+02 (−0.0795)	280.7155 (0.0522)	−0.3479*** (−2.7824)
市值账面比	BM	−4.7e+02 (−0.0629)	111.7985 (0.0407)	−0.1481 (−0.7305)
两职合一	DUAL	−7.9e+02 (−0.0544)	69.5191 (0.0428)	−0.0353 (−0.5586)
第一大股东持股比例	TOP1	20.8922 (0.0509)	−1.4495 (−0.0482)	−0.0001 (−0.0001)
国有企业虚拟变量	SOE	−3.9e+02 (−0.0493)	101.3021 (0.0561)	0.0259 (0.3731)
行业	IND	控制	控制	控制
年份	YEAR	控制	控制	控制
N		39	54	69
R^2		0.593	0.477	0.418

二、更换市场效应测算窗口

为了控制事件窗口选择对研究结论的影响,本章将市场效应的测算窗口更换为非对称窗口,即将(0,1)、(0,3)窗口的CAR值作为因变量重新对投资者关系管理质量与负面事件市场效应之间的关系进行了检验,检验结果见表6-10。从表中结果可见,当因变量是CAR(0,1)时,投资者关系管理质量IRM的回归系数为0.047,且在5%水平上统计显著;当因变量是CAR(0,3)时,投资者关系管理质量IRM的回归系数为0.059,且在5%水平上统计显著。表明在更短窗口内,投资者关系管理质量对负面事件的市场效应依然存在显著的正向影响。

表6-10 保险效应的稳健性检验:更换测算窗口

变量		CAR(0,1)	CAR(0,3)
名称	符号	栏目1	栏目2
常数项	CON	20.143 (1.144)	60.157* (1.979)
投资者关系管理质量	IRM	0.047** (2.102)	0.059** (2.360)
公司规模	LNSIZE	−1.149 (−1.281)	−2.959* (−1.969)
总资产收益率	ROA	3.654 (0.489)	0.585 (0.041)
公司亏损状态	LOSS	−3.105** (−2.088)	−4.338* (−1.695)
财务杠杆	LEV	4.677 (1.054)	9.828 (1.596)
两职合一	DUAL	1.148 (0.605)	0.492 (0.163)
第一大股东持股比例	TOP1	−0.001 (−0.026)	0.046 (0.703)
地区法律环境	LAW_INDEX	−0.128 (−0.854)	−0.189 (−0.751)
行业	IND	控制	控制
年份	YEAR	控制	控制
N		107	107
R^2		0.273	0.198

三、更换核心变量测度方法

本章利用抽样调查获取的投资者关系管理的综合质量数据,实证检验和分析了投资者关系管理的保险效应。但这些研究结论是否受到核心变量测度的影响呢?为此本章进一步按照投资者关系管理的质量指标体系,将投资者关系管理的综合质量指标细化到沟通质量 IRM_C、信息质量 IRM_I 和组织质量 IRM_O 三个层次进行分解检验,检验结果见表 6-11。由结果可见,针对负面事件下的市场效应,投资者关系管理的沟通质量和信息质量产生了显著的正向影响,并且沟通质量的影响效度显著高于信息质量,而投资者关系管理的组织质量并没有产生显著的正向影响。指标分解后的结果表明投资者关系管理之所以能够产生显著的声誉保险效应主要是因为投资者关系管理的沟通和信息职能发挥了关键作用所致。我们推测投资者关系管理的组织质量由于涉及企业内部针对投资者关系、高管层的态度和部门组织制度建设情况,这种为处理投资者关系而构建的内部组织制度由于不如沟通质量和信息质量的可观测性和可验证性高,因此并没有引起投资界的足够注意,所以对负面事件下的保险效应没有产生显著影响。

表6-11 保险效应的稳健性检验:更换核心变量测度

变量		CAR(−1, 1)			CAR(−3, 3)		
名称	符号	栏目1	栏目2	栏目3	栏目4	栏目5	栏目6
常数项	CON	21.089 (0.885)	20.839 (0.874)	20.468 (0.858)	53.813 (1.640)	54.003 (1.618)	54.774 (1.629)
投资者关系管理的沟通质量	IRM_C	0.088*** (3.029)			0.039** (2.199)		
投资者关系管理的信息质量	IRM_I		0.010** (2.161)			0.014** (2.029)	
投资者关系管理的组织质量	IRM_O			0.005 (1.007)			−0.009 (−0.559)
公司规模	LNSIZE	−1.157 (−0.951)	−1.192 (−0.977)	−1.281 (−1.077)	−2.837* (−1.771)	−2.805* (−1.771)	−2.655 (−1.653)
总资产收益率	ROA	2.730 (0.283)	2.708 (0.305)	0.041 (0.004)	−4.676 (−0.223)	−3.684 (−0.188)	−0.734 (−0.035)
公司亏损状态	LOSS	−4.316** (−2.188)	−4.250** (−2.113)	−4.679** (−2.372)	−7.549* (−1.820)	−7.457* (−1.716)	−7.078* (−1.685)

续表

变量		CAR（-1，1）			CAR（-3，3）		
名称	符号	栏目1	栏目2	栏目3	栏目4	栏目5	栏目6
财务杠杆	LEV	3.772 (0.818)	3.892 (0.817)	3.696 (0.786)	4.327 (0.510)	4.414 (0.507)	4.447 (0.537)
两职合一	DUAL	0.354 (0.187)	0.335 (0.174)	0.642 (0.327)	-0.333 (-0.096)	-0.400 (-0.116)	-0.714 (-0.203)
第一大股东持股比例	TOP1	0.036 (0.765)	0.037 (0.770)	0.037 (0.813)	0.062 (0.783)	0.061 (0.749)	0.059 (0.739)
地区法律环境	LAW_INDEX	-0.117 (-0.601)	-0.120 (-0.588)	-0.117 (-0.605)	-0.271 (-0.826)	-0.277 (-0.843)	-0.274 (-0.836)
行业	IND	控制	控制	控制	控制	控制	控制
年份	YEAR	控制	控制	控制	控制	控制	控制
N		107	107	107	107	107	107
R^2		0.228	0.221	0.239	0.226	0.219	0.223

四、控制信息泄露问题

本章研究结论还有一个担心就是资本市场对公开谴责消息的提前泄露可能会对研究结论产生显著影响。为此，本章在参考了李胜和王艳艳（2010）文献的基础上，在回归模型中增加了 CAR（-30，-2）和 CAR（-30，-4）两个变量控制信息泄露问题。检验结果见表6-12。从结果可见，在控制信息泄露问题以后，投资者关系管理质量对负面事件的市场效应依然存在显著的正向关系，并且也没有发现信息泄露程度会对负面事件的市场效应产生显著影响的证据。总体而言，本章的研究结论是基本稳健和可靠的。

表6-12 保险效应的稳健性检验：控制信息泄露问题

变量		CAR（-1，1）	CAR（-3，3）
名称	符号	栏目1	栏目2
常数项	CON	18.673 (0.798)	52.453 (1.577)
投资者关系管理质量	IRM	0.065** (2.234)	0.026* (1.785)

续表

变量		CAR（-1，1）	CAR（-3，3）
名称	符号	栏目1	栏目2
公司规模	LNSIZE	-1.284 (-1.086)	-2.576 (-1.623)
总资产收益率	ROA	1.455 (0.155)	-0.294 (-0.014)
公司亏损状态	LOSS	-4.307** (-2.163)	-7.266* (-1.711)
财务杠杆	LEV	4.321 (0.917)	4.711 (0.569)
两职合一	DUAL	0.489 (0.255)	-0.562 (-0.161)
第一大股东持股比例	TOP1	0.040 (0.864)	0.060 (0.748)
地区法律环境	LAW_INDEX	-0.120 (-0.622)	-0.280 (-0.852)
信息泄露程度	CAR(-30，-2)	1.827 (0.665)	
	CAR(-30，-4)		3.125 (0.634)
行业	IND	控制	控制
年份	YEAR	控制	控制
N		107	107
R^2		0.243	0.223

第五节 本章小结

本章利用南京大学联合证监会针对中国 A 股上市公司投资者关系管理状况进行抽样调查获取的特别数据，实证检验和分析了投资者关系管理在企业遭受负面事件时的价值效应及其形成机理。研究发现：(1) 企业遭受负面事件时，前期构建的高质量投资者关系能够显著降低股东财富的损失，产生保险效应。(2) 投资者关系管理的保险效应仅在大公司和公司违规事件中存在，而在小公司和高管违规事件中并不存在，且相比远期违规，投资者关系管理活动在即期违规事件中的保险效应更为强烈和显著。(3) 负面事件发生时，企业从事的高质量投资者关系管理活动具有一定的危机公关作用，能够吸引市场中高质量投资者——机构投资者的注意力，提升机构持股的比例。总体而言，本章结论总体证实了在中国资本市场上投资者关系管理具有"里子"而非"面子"特征的推论。

本章的研究启示是：上市公司在进行危机管理时，除了事后做出积极的反应之外，还应该致力于事前和事中的有效控制，而事前和事中风险控制的重要策略就是将投资者关系管理活动纳入战略核心位置。因为从事前风险控制视角出发，高质量的投资者关系管理活动事前积累的企业声誉资本，给外界传递一种企业良好形象的信号，获得和保持了市场参与者对企业的信心，对企业在遭受负面事件时产生了显著的保险效应。而从事中风险控制视角出发，企业一旦遭受负面事件，市场中高质量的投资者关系管理和维护能够产生危机公关作用，提高市场中高质量投资者（机构投资者）的注意力，因此会逐步恢复和提升企业的形象与声誉，提升公司的可视性程度。因此，以投资者关系管理为战略核心，打造资本市场品牌对上市公司的可持续发展具有重要的战略意义和价值。

第七章 研究结论与启示

第一节 研究结论

本书切入风险考察的创新视角，系统考察和检验了投资者关系管理影响企业风险的效应和机理，研究从正面情景和负面情景两个方面检验了投资者关系管理发挥风险价值效应的客观表现、作用机理和影响因素。研究获得的具体结论如下：

（1）企业违规打击投资者信心，造成市场的极端波动和负面效应，因此研究企业违规风险的决定因素非常重要。本书利用南京大学联合证监会对A股上市公司投资者关系管理状况进行综合调查获取的特别数据，聚焦企业违规风险的细分视角，实证检验和分析了投资者关系管理与企业违规风险之间的关联效应及其影响因素。研究发现，投资者关系管理质量与未来期企业的违规倾向呈显著的负向关系，且这种负向关系在控制内生性等问题后依然成立。表明投资者关系的有效管理能够显著抑制企业的违规风险。进一步的影响因素分析发现，在抑制企业违规风险方面，投资者关系管理和内部控制质量具有互补作用，而公司可视性对投资者关系管理绩效与未来期企业违规倾向之间的负向关系并没有显著的影响。

（2）本书还将金融市场和审计市场联结起来，聚焦审计师决策的细分视角，实证检验了上市公司投资者关系管理对审计意见和审计费用的影响效应及其机理。研究发现，投资者关系管理对审计师出具非标准审计意见的概率产生了显著的负向影响，而对审计费用却没有产生显著影响。进一步的机理分析表明这是由于投资者关系管理虽降低了审计风险，却加大了审计师的工作负荷，造成两者在审计费用的影响效应上相互抵消所致。最后还发现投资者关系管理对审计意见的负向影响在可视性比较低的公司（小公司和低分析师跟踪公司）更加显著。

（3）资本市场的暴涨暴跌挑动投资者的敏感神经，造成市场极端波动和危机传染，因此，探寻稳定市场的因素及其机理非常重要。本书聚焦市场非对称风险的细分视角，实证检验和分析了投资者关系管理影响股价崩盘风险的效应及其机理。研究发现，投资者关系管理的信息职能和组织职能与未来期股价崩盘风险之间呈显著的负向关系，表明在中国资本市场上，投资者关系管理的信息职能和组织职能具有"市场稳定效应"；进一步的机理分析表明，市场稳定效应主要源于投资者关系管理的信息职能抑制了股价崩盘风险生成的内因（管理层信息披露操纵倾向）和外因（信息环境的不透明度），而组织职能抑制了股价崩盘风险生成的内因；最后还发现就稳定市场而言，内部控制质量与投资者关系管理的组织职能具有互补关系。

（4）本书还将研究引入到负面情景下的危机考察，聚焦上市企业危机管理的创新视角，利用中国A股上市公司投资者关系管理的抽样调查数据，探讨了投资者关系管理活动在负面事件中的价值效应及其形成机理。研究发现企业前期的投资者关系管理质量越高，则企业负面事件下的市场效应越高。表明高质量的投资者关系管理确实能够抑制股东财富的损失和保护股东价值，起到类"保险效应"的作用。进一步通过公司特性和事件特性的因素考察，发现投资者关系管理的保险效应仅在大规模公司和公司违规事件中存在，而在小规模公司和高管违规事件中并不存在，并且相比远期违规，即期违规事件下投资者关系管理的保险效应更加强烈和显著。最后通过对负面事件后公司可视性的变化程度分析，发现在负面事件当年高质量的投资者关系管理活动能够显著增强危机后机构投资者的持股比例。表明在中国资本市场上，投资者关系管理具有一定的"危机公关效应"。总体结论证实，在负面事件发生时，高质量的投资者关系管理能够产生保护股东财富的战略价值，因此投资者关系管理活动具有"里子"而非"面子"特征。

第二节 研究启示

基于本书的研究结论，可获得如下研究启示：
（1）就抑制企业违规风险、提高公司治理而言，上市公司开展的投资者关系管理活动,能够有效提高投资者利益的保护效率,降低管理层和大股东代理成本,因此深化企业的投资者关系管理具有重要的战略意义。同时还需清醒认识到在抑制企业违规风险、稳定市场方面,投资者关系管理和内部控制制度具有很好的互补作用,因此监管层在未来制度建设和规范时应重视内部控制制度和投资者关系管理制度的连接性,对两种制度进行组合考量,引导企业设置相互匹配的决策程序和组织流程,最大程度发挥两种制度在稳定市场中的合力效应。

(2)就抑制审计风险、提高审计治理而言,在当前中国资本市场上,上市公司开展"关系"特别是"投资者关系"的管理和维护具有价值效应。细化到审计市场,投资者关系管理能够影响审计师的负面意见表述。这一发现对上市公司开展投资者关系管理的实践活动具有重要启示。当前阶段,我国资本市场正处于由核准制向注册制逐渐过渡的时期,在注册制下企业股票发行不是为了满足监管层的规定和要求,而是重点转向了获得市场中广大投资者的认知和许可。因此可预期投资者关系管理在未来会获得管理层的更高重视。本书的研究将资本市场和审计市场联结起来,为管理层认识投资者关系的战略作用提供了新的思考和启发。同时还需清醒认识到可视性低的公司,投资者关系管理的价值提升效应更为明显,因此对于中国资本市场中规模小、分析师跟踪低、媒体报道少、机构持股低等可视性差的公司而言,可建议其将投资者关系活动提升到战略认知层面,在控制运营成本的基础上可考虑聘请市场中专门处理投资者关系的公关公司对投资者关系活动进行指导和服务,通过与公关公司的服务对接,提升企业的信息透明度并规范自身的公司治理体系,强化市场中投资者对其价值的发现和认知,这无疑对可视性低的企业而言更具有战略价值。

(3)就抑制股价崩盘风险、稳定市场而言,本书获得了重要的政策启示。

首先,从本书总体结论来看,在中国资本市场上 IRM 具有稳定市场、抑制股价崩盘风险的战略作用。遗憾的是,这一战略性作用一直以来并没有得到财务学者以及企业高管层的足够重视。因此,我们认为上市公司与投资界的互动关系应该被作为上市公司管理的一项重要课题提出。提升上市公司 IRM 的实践水平和战略沟通能力,不仅有助于上市公司提升公司价值,还有助于稳定市场,抑制股价崩盘,这无论对微观上市公司管理,还是对宏观金融安全稳定来说都具有重要意义。

其次，从本书细分结论来看，IRM 的沟通职能还没有发挥稳定市场的效应和作用，这对上市公司明确未来 IRM 的重点和方向具有启示意义。当前 IRM 虽然在我国取得了长足的进步和发展，但是上市公司与投资者的战略性互动和沟通还有待深化，特别是对投资者结构的精细化管理还不够深入，细分投资者结构并根据不同类型投资者的需求偏好设定沟通工作的重点和手段应该成为未来期 IRM 的重要内容。近年来，中国资本市场的投资者结构发生了重大改变，市场结构已由机构主导转变成散户主导，这种情况下上市公司在战略互动和沟通选择上忽略中小股东的需求偏好无疑给 IRM 的职能发挥带来很大影响。因此，未来期针对上市公司而言，利用大数据等方法建立投资者结构数据库，对投资者结构构成、需求偏好、持股动态、信息反馈等进行统计分析，总结各种类型投资者的信息和心理需求规律，及时掌握投资者动态并进行精细化管理和沟通，形成上市公司与投资者之间紧密的信任关系应该成为工作侧重。

再次，从本书细分结论来看，IRM 的组织职能在稳定市场中具有重要作用。这对中国上市公司 IRM 的实践活动也具有启示意义。中国资本市场波动大，特别是近年来中国资本市场的暴涨暴跌现象严重打击了投资者的信心，如何在新的经济形势下重建中国资本市场的诚信度，重建投资者的信心，需要包括上市公司、监管层、中介机构在内的多方共同努力。但是针对上市公司而言，在重视 IRM 的信息职能和沟通职能的基础上，通过建立正式和健全的组织和管理制度去实现 IRM 的制度保障无疑具有现实迫切性。因此对于监管层来说，应出台相应的政策引导更多上市公司建立 IRM 的组织制度，而上市公司通过引导政策从企业内部顶层设计上建立符合自身运营特性的 IRM 制度应成为未来另一个工作方向。

最后，从本书细分结论来看，在稳定市场方面，内部控制制度和 IRM 的组织制度具有互补作用，这对 IRM 的理论和实践应用都有启示意义。从理论上看，IRM 一般被定位为自主性治理机制（马连福等，2007）和战略管理行为（全美投资者关系协会，NIRI），内部控制作为公司治理的制度性体系和自律系统能够将公司治理和战略管理落到实处，我国企业内控规范中更是明确了通过内控促进战略实现的目标。因此，内部控制自然能够更加直接地正向作用于 IRM，包括完善投资者关系的机构设置和规范管理制度与流程。从实践来看，内部控制制度和 IRM 的制度建设不应该是割裂和分离的，两种制度的合力效应对稳定市场，提高上市公司治理，完善与广大投资者之间的战略性信息与沟通职能具有重要作用。因此，建议监管层在颁布相应制度时应考量内部控制制度和 IRM 制度的连接性，上市公司在从事制度建设时应对内部控制和 IRM 制度进行组合考量，设置相互匹配的决策程序和组织流程，最大程度发挥两种制度在稳定市场中的合力效应。

(4) 就强化企业危机管理、保护股东财富而言，上市公司在进行危机管理时，除了在事后做出积极的反应之外，还应该致力于事前和事中的有效控制，而事前和事中风险控制的重要策略就是将投资者关系管理活动纳入战略核心位置。因为从事前风险控制视角出发，高质量的投资者关系管理活动事前积累的企业声誉资本，给外界传递一种企业良好形象的信号，获得和保持了市场参与者对企业的信心，对企业在遭受负面事件时产生了显著的保险效应。而从事中风险控制视角出发，企业一旦遭受负面事件，市场中高质量的投资者关系管理和维护能够产生危机公关作用，提高市场中高质量投资者（机构投资者）的注意力，因此会逐步恢复和提升企业的形象和声誉，提升公司的可视性程度。因此，以投资者关系管理为战略核心，打造资本市场品牌对上市公司的可持续发展具有重要的战略意义和价值。

第三节　研究局限与未来研究方向

本书研究虽取得了一些关键结论，对实践也给出了一定的政策启示，但是仍存在一些局限，有待未来研究进一步突破和完善。一方面，出于数据的可获得性，本书使用了中国 A 股上市公司投资者关系管理的综合调查数据，综合调查数据能够在投资者关系管理的细分维度（信息、沟通与管理）上提供直接数据，而且这些数据能够直接测度企业真实的 IRM 活动投入，但是缺乏长时间连续序列数据的补充无疑会对结论的稳定性产生一定影响，因此未来开拓数据收集渠道，对研究数据进行连续序列补充是我们的重要任务。另一方面，IRM 影响企业风险的作用机理部分，本书利用情景检验的思维从正面情景和负面情景方面检验和分析了 IRM 抑制风险的原理和途径。但这种研究缺乏外生政策和重大事件变迁的设计考察，因此未来研究中科学选取关键事件，如在重大宏观经济政策、重大税收政策及资本市场重大政策变迁下考察 IRM 发挥风险价值效应的机理和途径应该成为方向。

参考文献

一、中文文献

[1] 陈信元,等.司法独立性与投资者保护法律实施——最高人民法院'1/15通知'的市场反应 [J].经济学季刊,2009 (1).

[2] 樊纲,王小鲁.中国市场化指数——各地区市场化相对进程2009年报告 [M].北京:经济科学出版社,2011年.

[3] 冯旭南,陈工孟.什么样的上市公司更容易出现信息披露违规——来自中国的证据和启示 [J].财贸经济,2011年第8期.

[4] 黄亮华.企业声誉和财务绩效关系研究 [D].浙江大学硕士学位论文,2005.

[5] 李青原,赵艳秉.企业财务重述后审计意见购买的实证研究 [J],审计研究.2014年 (5).

[6] 李心丹,等.中国上市公司IRM评价指标及其应用研究 [J].管理世界,2006 (9).

[7] 李心丹,等.IRM能提升上市公司价值吗?——基于中国A股上市公司IRM调查的实证研究 [J].管理世界,2007 (9).

[8] 李越冬,张冬,刘伟伟.内部控制重大缺陷、产权性质与审计定价.审计研究,2014年 (2).

[9] 李志斌.内部控制、股权集中度与投资者关系管理——来自A股上市公司投资者关系调查的证据 [J].会计研究,2013年 (12).

[10] 马晨,张俊瑞.基于舞弊三因素的上市公司违规判别研究 [J],科研管理.2011年 (9).

[11] 马连福,王丽丽,张琦.投资者关系管理对股权融资约束的影响及路径研究——来自创新型中小企业的经验证据 [J].财贸研究,2015,26 (01):125-133.

[12] 马连福,卞娜,刘丽颖.中国上市公司投资者关系水平及对公司

绩效影响的实证研究［J］. 管理评论，2011年（10）.

［13］马连福，陈德球. 投资者关系管理：一种新型的自主性治理机制［Z］. 资本市场，2007年（11）.

［14］马连福，高丽，张春庆. 基于投资者关系管理的公司营销价值效应研究［J］. 管理科学，2010年（5）.

［15］马连福，赵颖. 基于投资者关系战略的非财务信息披露指标及实证研究［J］. 管理科学，2007年（7）.

［16］潘越，戴亦一，林超群. 信息不透明、分析师关注与个股暴跌风险［J］. 金融研究，2011年（9）.

［17］宋玉. 最终控制人性质、两权分离度与机构投资者持股——兼论不同类型机构投资者的差异［J］. 南开管理评论，2009年（5）.

［18］唐跃军. 大股东制衡、违规行为与外部监管——来自2004—2005年上市公司的证据［J］. 南开经济研究，2007年（6）.

［19］权小锋，张欣哲，尹洪英. 负面事件中投资者关系管理的价值效应考察［J］. 财贸经济，2017，38（06）：80－97.

［20］权小锋，肖斌卿，尹洪英. 投资者关系管理能够抑制企业违规风险吗？——基于A股上市公司投资者关系管理的综合调查［J］. 财经研究，2016，42（5）：15－27.

［21］权小锋，陆正飞. 投资者关系管理影响审计师决策吗？——基于A股上市公司投资者关系管理的综合调查［J］. 会计研究，2016（2）：73－80.

［22］权小锋，肖斌卿，吴世农. 投资者关系管理能够稳定市场吗？——基于A股上市公司投资者关系管理的综合调查［J］. 管理世界，2016（1）：139－152.

［23］万晓文，文青. 上市公司投资者关系管理与现金股利政策——基于A股上市公司的经验证据［J］. 经济与管理评论，2016，32（2）：123－128.

［24］邢立全，陈汉文. 产品市场竞争，竞争地位与审计收费——基于代理成本与经营风险的双重考量［J］. 审计研究，2007年（3）.

［25］肖斌卿，等. 上市公司调研对投资决策有用吗——基于分析师调研报告的实证研究［J］. 南开管理评论，2017，20（1）：119－131.

［26］许年行，于上尧，伊志宏. 机构投资者羊群行为与股价崩盘风险

[J]．经济研究，2013 年（7）.

[27] 许年行，等．政治关联影响投资者法律保护的执法效率吗？[J]．经济学季刊，2013 年（2）.

[28] 杨德明，辛清．投资者关系与代理成本——基于上市公司的分析[J]．经济科学，2006 年（3）.

[29] 杨德明，王彦超，辛清泉．投资者关系管理、公司治理与企业业绩[J]．南开管理评论，2007 年（3）.

[30] 叶康涛，曹丰，王化成．内部控制信息披露能够降低股价崩盘风险吗？[J]．金融研究，2015 年（2）.

[31] 于李胜，王艳艳．信息竞争性披露、投资者注意力与信息传播效率[J]．金融研究，2010 年（8）.

[32] 张跃文，杜晓琳．创业企业投资者关系管理：一个嵌入投资者保护机制的博弈模型[J]．中国社会科学院研究生院学报，2015 年（1）.

[33] 张俊瑞，刘慧，杨蓓．未决诉讼对审计收费和审计意见类型的影响研究[J]．审计研究，2015 年（1）.

二、英文文献

[1] Agrawal A., S. Chadha. Corporate Governance and Accounting Scandals. Journal of Law and Economics,2005,48(2):371−406.

[2] Agarwal V., R.J. Taffler, A. Bellotti, and E. A. Nash. Does Investor Relations Add Value. SSRN Working Book 2012.

[3] Beasley M S. An Empirical Analysis of the Relation between the Board of Director Composition and Financial Statement Fraud. The Accounting Review,1996,71(4):443−465.

[4] Beck, M. J., and E. G. Mauldin. Who's Really in Charge? Audit Committee versus CFO Power and Audit Fees. The Accounting Review,2014,89(6):2057−2085.

[5] Botosan C. A. Disclosure Level and the Cost of Equity Capital. the Accounting Review,1997,72(3):323−349.

[6] Brennan, N. M., and S. Kelly. Use of the Internet by Irish Companies for Investor Relations Purposes. IBAR Irish Business and Administrative Research,2000,21(2):107−135.

[7] Bushee,B. ,Jung,M. ,Miller,G. Conference Presentations and the Disclosure Milieu. Journal of Accounting Research,2011,49(5):1163 1192.

[8] Bushee B. , G. Miller. Investor Relations, Firm Visibility, and Investor Following. The Accounting Review,2012,87(3):867—897.

[9] Bushman R. , A. Smith. Financial Accounting Information and Corporate Governance. Journal of Accounting and Economics,2001,32(1—3):237—333.

[10] Callen, J. L. , Fang, X. H. Crash Risk and the Auditor-Client Relationship. Working Book 2014.

[11] Causholli,M. ,M. De Martinis,D. Hay,and W. R. Knechel. Audit Markets,Fees and Production: Towards an Integrated View of Empirical Audit Research. Journal of Accounting Literature,2010,29:167—215.

[12] Chang, M. , G. D'Anna, I. Watson, M. Wee. Does Disclosure Quality via Investor Relations Affect Information Asymmetry?. Australian Journal of Management,2008,33(2):375—390

[13] Chang, Millicent, Liyin Hooi, and Marvin Wee. How Does Investor Relations Disclosure Affect Analysts' Forecasts? . Accounting & Finance 2014,54(2):365—391.

[14] Chandler, C. S. Investor Relations from the Perspective of CEOs. International Journal of Strategic Communication, 2014, 8 (3): 160—176.

[15] Chang M. , L. Hooi and M. Wee. How Does Investor Relations Disclosure Affect Analysts' Forecasts? . Accounting & Finance,2014,54 (2):365—391.

[16] Chen K. C. W. , Z. H. Chen, K. C. J. Wei. Legal Protection of Investors,Corporate Governance,and the Cost of Equity Capital. Journal of Corporate Finance,2009,15(3):273—289.

[17] Chen, G. , Firth, M. , Gao, D. , Rui, O. Is China's Securities Regulatory Agency a Toothless Tiger? Evidence from Enforcement Actions. Journal of Accounting and Public Policy,2005,24(6):451—488.

[18] Cheng, C. S. A. , Hogan, R. , Zhang, E. Cash Flows, Earnings Opacity and Stock Price Crash Risk. Working Book,2015.

[19] Chow, C. W. 1982. The Demand for External Auditing: Size, Debt and Ownership Influences. The Accounting Review, 57(2): 272−291.

[20] Craven, B. M., Marston, C. L. Investor Relations and Corporate Governance in Large UK Companies. Scholarly Research and Theory Books, 1997, 3:137−151.

[21] Danielsen, B. R., R. A. Van Ness, and R. S. Warr. Auditor Fees, Market Microstructure, and Firm Transparency. Journal of Business Finance & Accounting, 2007, 34(1−2): 202−221

[22] Deephouse, D, L. The Effect of Financial and Media Reputations on Performance. Corporate Reputation Review, 1997, 1(1/2), PP68−71.

[23] Dolphin, R. R. The Strategic Role of Investor Relations. Corporate Communications: An International Journal, 2004, 9(1):25−42.

[24] Dye. R. 1993. Auditing Standards. Legal Liability and Auditor Wealth. Journal of Political Economy, 101(5): 887−914.

[25] El Ghoul, S., O. Guedhami, C. C. Y. Kwok, D. R. Mishra. Does Corporate Social Responsibility Affect the Cost of Capital? . Journal of Banking and Finance, 2011, 35 (9):2388−2406.

[26] Erickson, M., Hanlon, M., Maydew, E. Is There a Link between Executive Equity Incentives and Accounting Fraud. Journal of Accounting Research, 2006, 44(1):113−143.

[27] Erickson, M., M. Hanlon, and E. Maydew. Is There a Link between Executive Equity Incentives and Accounting Fraud. Journal of Account in g Research, 2006, 44(1):113−143.

[28] Fama, E. F. Agency Problems and the Theory of the Firm. Journal of Political Economy, 1980, 88 (2):288−307.

[29] Fan, J. P., and T. J. Wong. Do External Auditors Perform a Corporate Governance Role in Emerging Markets? Evidence from East Asia. Journal of Accounting Research, 2005. 43(1): 35−72

[30] Farragher, E. J., Kleiman, R., Bazaz, M. S. Do Investor Relations Make a Difference. Quarterly Review of Economics and Finance, 1994, 34 (4):403−412.

[31] Ferguson, A., Scott, T. The Determinants and Market Reaction

to Open Briefings: an Investor Relations Option and Evidence on the Effectiveness of Disclosure. Accounting and Finance, Forthcoming, 2014.

[32] Francis, B., Hasan I., Li L. X. Abnormal Real Operations, Real Earnings Management, and Subsequent Crashes in Stock Prices. Working Book 2014.

[33] Fombrun, C. J. Reputation: Realizing Value from the Corporate Image. Boston: Harvard Business School Press 1996.

[34] Francis, J. R., M. L. Pinnuck, and O. Watanabe. Auditor Style and Financial Statement Comparability. The Accounting Review, 2014, 89(2): 605-633

[35] Francis, J. D., Philbrick, D., Schipper, K. Shareholder Litigation and Corporate Disclosures. Journal of Accounting Research, 1994, 32(2): 137-164.

[36] Frankel R., W. J Mayew and Y. Sun. Do Pennies Matter? Investor Relations Consequences of Small Negative Earnings Surprises. Rev Account Stud, 2010, 15(1): 220-242.

[37] Garay, U., Gonz lez, M., Guzm n, A., Trujillo, M. A. Internet-based Corporate Disclosure and Market Value: Evidence from Latin America. Emerging Markets Review, 2013, 17: 150-168

[38] Godfrey, P. C. The Relationship between Corporate Philanthropy and Shareholder Wealth. Academy of Management Review, 2005, 30(4): 777-798.

[39] Goe B. W. and D. Li. Internal Controls and Conditional Conservatism. The Accounting Review, 2011, 86(3): 975-1005.

[40] Gregory, J. R. Part III: Measuring and Valuing Reputations: ROI: Calculating Advertising's Impact on Stock Price. Corporate Reputation Review, 1997, 1(1): 56-60.

[41] Greif, A. Cultural Beliefs and the Organization of Society: A Historical and Theoretical Reaction on Collectivist and Individualist Societies. the Journal of Political Economy, 1994, 102(5): 912-950.

[42] Gruner, R. H. Corporate Disclosure: The Key to Restoring Investor Confidence. Strategic Investor Relations, 2002, summer, 1-4.

[43] Gul, F. A. , and J. S. L. Tsui. A Test of the Free Cash Flow and Debt Monitoring Hypotheses: Evidence from Audit Pricing. Journal of Accounting and Economics,1997,24(2): 219—237

[44] Hay, D. C. , W. R. Knechel, and N. Wong. Audit fees: A Meta-analysis of the Effect of Supply and Demand Attributes. Contemporary Accounting Research,2006,23(1):141—191.

[45] Higgins, R. B. How Corporate Communication of Strategy Affects Share Price. Long Range Planning,1992,25:27—35

[46] Hockerts, K. , Moir, L. Communicating Corporate Responsibility to Investors: The Changing Role of the Investor Relations Function. Journal of Business Ethics,2004,52:85—98.

[47] Hogan, C. E. , and M. S. Wilkins. Evidence on the Audit Risk Model: Do Auditors Increase Audit Fees in the Presence of Internal Control Deficiencies? . Contemporary Accounting Research,2008,25(1):219—242.

[48] Hong, H. , M. Huang. Talking up Liquidity: Insider Trading and Investor Relations. Journal of Financial Intermediation,2005,14(1):1—31.

[49] Hutton, A. P. , Marcus, A. J. , Tehranian, H. Opaque Financial Reports,R2,and Crash Risk. Journal of Financial Economics,2009,94(1): 67—86.

[50] Jensen, M. C. Agency Costs of Free Cash Flow, Corporate Finance and Takeovers. American Economic Reivew,1986,76: 323—329

[51] Jha, A. , Y. Chen. Audit Fee and Social Capital. The Accounting Review,2015,90(2):611—639

[52] Jiao, Y. W. Corporate Disclosure, Market Valuation, and Firm Performance. Financial Management,2011,40(3):647—676

[53] Jin, L. , Myers, S. C. R2 around the World: New Theory and New Tests. Journal of Financial Economics,2006,79(2):257—292

[54] Jong, A. D. , DeJong, D. V. , Mertens, G. , Roosenboom, P. Investor Relations, Reputational Bonding, and Corporate Governance, The case of Royal Ahold. Journal of Accounting and Public Policy,2007,26 (3):328—375.

[55] Kennes, J. , Schiff, A. Simple Reputation Systems. the

Scandinavian Journal of Economics,2007,109(1):71—91.

[56] Kim,J. B. , Y. Li, Y. H. , Zhang L. D. Corporate Tax Avoidance and Stock Price Crash Risk: Firm-Level Analysis. Journal of Financial Economics,2011,100(3):639—662.

[57] Kim,J. B. ,Y. Li,Y. H. ,Zhang L. D. CFOs versus CEOs: Equity Incentives and Crashes. Journal of Financial Economics,2011,101(3):713—730.

[58] Kim, J. B. and L. D. Zhang. Does Accounting Conservatism Reduce Stock Price Crash Risk? Firm-level Evidence. Contemporary Accounting Research,2015,Forthcoming.

[59] Kim, Y. , Park, M. S. , Wier, B. Is Earnings Quality Associated with Corporate Social Responsibility. The Accounting Review,2012,8 (3): 761—796.

[60] Kinney, W. R. , Z. V. Palmrose, and S. Scholz. Auditor Independence,Non-Audit Services,and Restatements: Was the U. S. Government Right. Journal of Accounting Research,2004,42(3):561—588.

[61] Kirk M. , J. Vincent. Professional Investor Relations within the Firm. The Accounting Review,2014,89(4):1421—1452.

[62] Kreps, David M. Corporate Culture and Economic Theory. Cambridge,England: Cambridge University Press,1990.

[63] Kothari, S. P. , Shu, S. , Wysockl, P. D. Do Managers Withhold Bad News. Journal of Accounting Research,2009,47(1):241—276.

[64] Lennox, C. Do companies successfully engage in opinion-shopping? . Evidence from the UK. Journal of Accounting and Economics,2000,29:321—337

[65] Lev, B. Information Disclosure Strategy. California Management Review,1992,summer,PP9—32.

[66] Lev, B. Winning Investors Over. Harvard Business Review Press. Boston,MA,2012.

[67] Milgrom, P. R. , North, D. C. , Weingast, B. The Role of Institutions in the Revival of Trade: The Law Merchant,Private Judges, and the Champagne Fairs. Economics & Politics,1990,2(1),PP1—23.

[68] Miller G. The Press as a Watchdog for Accounting Fraud. Journal of Accounting Research,2006,44(5):1001 1033.

[69] Mitra S. ,B. Jaggi, M. Hossain. Internal Control Weaknesses and Accounting Conservatism: Evidence from the Post Sarbanes Oxley Period. Journal of Accounting,Auditing & Finance,2013,28(2):152—191.

[70] National Investor Relations Institute (NIRI). Standards of Practice for Investor Relations. Vol III-Disclosure. Alexandria,VA: NIRI,2011.

[71] Peasnell K. , S. Talib, and S. Young. The Fragile Returns to Investor Relations: Evidence from a Period of Declining Market Confidence. Accounting and Business Research,2011,41(1):69—90.

[72] Petersen, B. K. , Martin, H. J. CEO Perceptions of Investor Relations as a Public Relations Function: An Exploratory Study. Journal of Public Relations Research,1996,8(3):173—209

[73] Raghunandan, K. , and D. V. Rama. SOX Section 404 Material Weakness Disclosures and Audit Fees. Auditing: A Journal of Practice & Theory,2006,25(1):99—114.

[74] Rowbottom, N. , Atalla, and A. Lymer. An Exploration of the Potential for Studying the Usage of Investor Relations Information through the Analysis of Web Server Logs. International Journal of Accounting Information Systems,2005,6(1):31—53.

[75] Sengupta, P. , and M. Shen. Can Accruals Quality Explain Auditors' Decision Making? The Impact of Accruals Quality on Audit Fees, Going Concern Opinions and Auditor Change. Working book, City University of New York,2007.

[76] Shapiro,C. Premiums for High Quality Products as Rectums to Reputations. the Quarterly Journal of Economies,1983,98(4):659—680.

[77] Simunic, D. A. The Pricing of Audit Services: Theory and Evidence. Journal of Accounting Research,1980,18(1): 161—190

[78] Tadelis S. , What's in Name? Reputation as a Tradable Asset. American Economic Review,1999,89(3):548—563.

[79] Watts, R. L. Conservatism in Accounting, Part I: Explanations and Implications. Accounting Horizons,2003,17:207 221.

[80] Watts, R. L. Conservatism in Accounting, Part II: Evidence and Research Opportunities. Accounting Horizons, 2003, 17:287 301

[81] Uysal, N. The Expanded Role of Investor Relations: Socially Responsible Investing, Shareholder Activism, and Organizational Legitimacy. International Journal of Strategic Communication, 2014, 8(3), pp. 215—230.

[82] Vanhamme, J., Grobben, B. Too Good to Be True. Journal of Business Ethics, 2009, 85(2):273—283.

[83] Vlittis, A., M. Charitou. Valuation Effects of Investor Relations Investments. Accounting and Finance, 2012, 52(3):941—970.

[84] Xu, N. H., Li, X. R., Yuan, Q. B., Chan, K. C. Excess Perks and Stock Price Crash Risk: Evidence from China. Journal of Corporate Finance, 2014, 25:419—434.

[85] Yu, F. Analyst Coverage and Earnings Management. Journal of Financial Economics, 2008, 88(2):245—271.

后 记

本书的完成和顺利出版得到了诸多人的帮助。

首先,感谢我的博士后合作导师北京大学光华管理学院的陆正飞教授,本书是我在北京大学博士后报告的基础上著述的,非常感谢我的合作导师陆正飞教授对我的指导和帮助。陆老师儒雅博学、高瞻远瞩、虚怀若谷的大师风范及为人正直、谦逊的君子风度让我深深折服和敬仰。与陆老师的每次交流都让我对学术研究有了新的体会和思考,陆老师待人接物的方式和态度也深深感染和教育着我。非常感恩陆老师长期以来对我的无私帮助和支持。师恩难报,唯有以更加努力的工作,取得好的成绩来报答陆老师对我的厚爱。

其次,非常感谢我在苏州大学东吴商学院的各位领导和同事。在本书的完成阶段,本人在美国纽约大学斯特恩商学院完成了一年的访问学习。在此期间,学院领导对我教学和科研工作提供了无私的帮助和支持,系里各位同事替我分担了很多沉重的教学任务和学院工作。在此表示感谢!

再次,感谢苏州大学出版社的李寿春老师,正是她和出版社同仁的认真、高效工作,才使得本书能够顺利出版。

最后,感谢我的家人,感谢我的父母、妻子和儿女对我的理解和支持,如果没有他们的理解和支持,我想我难以如此醉心学术。

权小锋
2018 年 6 月 13 日
于苏州大学东校区文成楼